ANN-SOPHIE PFISTER

SCHWEIZ

—KOCHBUCH—

Alle Ratschläge in diesem Buch wurden vom Autor und vom Verlag sorgfältig erwogen und geprüft. Eine Garantie kann dennoch nicht übernommen werden. Eine Haftung des Autors beziehungsweise des Verlags für jegliche Personen-, Sach- und Vermögensschäden ist daher ausgeschlossen.

Email: info@edition-lunerion.de
www.edition-lunerion.de

Psiana eCom UG
Berumer Str. 44
26844 Jemgum

Vorwort

Bei Schweizer Speisen denken Sie an Käse? Na klar! Der kommt in der traditionellen Landesküche auch nicht zu kurz, doch die kulinarische Landschaft der Schweiz hat noch viel mehr zu bieten – und mit diesem Kochbuch begeben Sie sich auf eine ausgedehnte Genussreise zu unseren südlichen Nachbarn.

Ob Raclette, Bircher Müsli oder Züricher Geschnetzeltes: Zwar denken die meisten bei der Schweiz nicht als Erstes an die Landesküche, doch tatsächlich sind viele Schweizer Leckereien längst weltberühmt. Grund genug, sich einmal genauer mit den landestypischen Spezialitäten zu beschäftigen, und da eröffnen sich für Genießer ganz neue Horizonte. Einflüsse aus Italien, Österreich, Frankreich und Deutschland verbinden sich mit den landeseigenen Traditionen und haben eine unvergleichliche Speisevielfalt hervorgebracht, die mit hochwertigen Zutaten und Aromafülle punktet. In diesem Buch entdecken Sie vom Frühstück über Suppen, Salate und Snacks bis hin zu abwechslungsreichen Hauptgerichten und raffinierten Süßspeisen jede Menge originale Schweizer Köstlichkeiten. Ob Sie Veggie sind, gerne Fleisch und Fisch auf dem Teller haben oder bei verführerischen Dessert- und Tortenkreationen schwach werden, hier kommen Genussmenschen aller Geschmäcker auf Ihre Kosten.

Guten Appetit!

INHALT

Die Schweizer Küche

Schweizer Käse ist wohl einer der Exportschlager schlechthin. Doch was macht die Küche unseres Nachbarlandes eigentlich so besonders und anziehend? Zum einen ist die Lage des Landes dafür zuständig, denn die Grenzen zu Italien, Frankreich und Deutschland bereichern die Schweizer Küche. Dennoch hat es das kleine Land mühelos geschafft, sich mit einer ganz eigenen Herangehensweise zu behaupten. Regionale Spezialitäten bestimmen die Regale im Supermarkt. Die Qualität der Lebensmittel, die oft noch in kleinen Betrieben auf der Alb erzeugt werden, ist über die Grenzen hinaus bekannt. Darüber hinaus hat jeder der 26 Kantone seine eigenen Leckereien zu bieten. Tauchen Sie in diesem Rezeptbuch ein in die wundervolle Welt der wärmenden Suppen, herzhaften Käsegerichte und feinen Filets.

Zmorge
Frühstück

BIRCHER MÜSLI

2 Port. 12 Std. 10 Min. Leicht

Zutaten

6 EL Haferflocken
2 Äpfel
1 Zitrone
4 EL Haselnüsse, gehackt
240 ml Wasser
200 g Joghurt, natur

Außerdem:
Gemüsereibe

Nährwerte p. P.

188 kcal
30 g Kohlenhydrate
6 g Fett
5 g Eiweiß

1 Mischen Sie die Haferflocken mit dem Wasser und lassen Sie sie über Nacht ziehen.

2 Waschen Sie am nächsten Morgen die Äpfel gründlich ab. Reiben Sie sie fein. Pressen Sie den Saft der Zitrone aus und mischen Sie ihn mit dem Apfel.

3 Heben Sie die Haselnüsse unter und mischen Sie alles mit den Haferflocken. Rühren Sie zum Schluss den Naturjoghurt ein.

GIPFELI |

SCHWEIZER CROISSANTS

 16 Port.

 6,5 Std.

 Schwer

Zutaten

600 g Mehl + mehr zum Ausrollen
1 Würfel Hefe, frisch
2 EL Zucker
100 ml + 200 ml Milch
220 g Butter
1 Eigelb
1 Prise Salz

Außerdem:
2 Backbleche, Backpapier, Nudelholz

Nährwerte p. P.

247 kcal
29 g Kohlenhydrate
12 g Fett
4 g Eiweiß

1 Bereiten Sie den Vorteig zu. Erhitzen Sie 100 ml Milch in einem Topf, bis sie lauwarm ist. Geben Sie den Zucker hinzu. Bröseln Sie die Hefe in die Milch und rühren Sie sie um, sodass sie sich auflöst.

2 Geben Sie in der Zwischenzeit das Mehl mit der Prise Salz in eine Schüssel und formen Sie eine Mulde. Gießen Sie die Hefemilch in die Mulde und lassen Sie den Vorteig 20 Minuten ruhen, bis sich Bläschen bilden.

3 Schmelzen Sie 70 g der Butter auf mittlerer Hitze und geben Sie die restliche Milch zu der Butter. Beginnen Sie, die Zutaten in der Schüssel zu einem Teig zu kneten und arbeiten Sie die Flüssigkeit löffelweise ein. Decken Sie den Teig ab und lassen Sie den Teig 30 bis 60 Minuten an einem warmen Ort gehen.

4 Rollen Sie die restliche Butter aus, indem Sie sie mit dem Nudelholz bearbeiten, sodass eine längliche Platte von 0,5 cm Dicke und ca. 20 x 20 cm entsteht. Stellen Sie sie bis zur Verarbeitung zur Seite. Stellen Sie die Butterplatte bei heißem Wetter für diese Zeit in den Kühlschrank.

5 Bestreuen Sie die Arbeitsplatte mit etwas Mehl. Rollen Sie den Teig darauf mit dem Nudelholz zu einem Rechteck von ca. 40 x 20 cm aus. Legen Sie die Butter auf eine Seite der Teigplatte und klappen Sie die andere Seite darüber. Stellen Sie den Teig für 20 Minuten bei Zimmertemperatur beiseite und lassen ihn ruhen.

6 Bestreuen Sie die Arbeitsplatte nochmals

mit wenig Mehl. Rollen Sie den Teig sanft zu einem länglichen Rechteck von 20 x 40 cm aus. Schlagen Sie die Außenkanten nach innen ein, sodass sich die Kanten in der Mitte berühren. Lassen Sie den Teig erneut 20 Minuten ruhen.

7 Rollen Sie den Teig erneut aus, diesmal zu einem größeren Rechteck von ca. 70 x 40 cm. Halbieren Sie dieses Rechteck längs. Schneiden Sie aus jedem Stück 8 Dreiecke, indem Sie den Teig im Zickzack quer zerschneiden. Rollen Sie jedes Dreieck von der breiten Seite zur Spitze hin auf.

8 Belegen Sie zwei Backbleche mit Backpapier. Legen Sie die Gipfeli auf das Backpapier und krümmen Sie sie dabei leicht, um die typische Form zu erzielen.

9 Lassen Sie den Teig nochmals 30 bis 40 Minuten an einem warmen Ort gehen.

10 Heizen Sie den Ofen auf 175 °C Umluft vor. Verquirlen Sie das Eigelb und bestreichen Sie die Oberseiten der Teiglinge damit.

11 Backen Sie die Gipfeli auf mittlerer Schiene für 25 bis 30 Minuten, bis sie goldbraun sind.

Tipp: Die Gipfeli schmecken frisch aus dem Ofen am allerbesten. Um sie frisch gebacken zum Frühstück zu servieren, gibt es zwei Möglichkeiten: Entweder Sie frieren den Teig nach Schritt 6 ein und formen und backen die Gipfeli frisch. Die zweite Möglichkeit ist, die Gipfeli fertig zu backen und dann einzufrieren. Dann können Sie am nächsten Morgen oder auch bis zu 3 Monate später die fertigen Gebäckstücke nochmals kurz im Ofen aufbacken.

BRUNCH

2 Port.

25 Min.

Leicht

Zutaten

4 dicke Scheiben Speck
4 Eier
2 TL Weidebutter
1 Avocado, reif
2 Scheiben Walnussbrot
50 g Brombeermarmelade
Salz, Pfeffer

Nährwerte p. P.

575 kcal
84 g Kohlenhydrate
17 g Fett
20 g Eiweiß

1 Schneiden Sie 2 Scheiben Walnussbrot ab und bestreichen Sie sie mit den Butter und Marmelade.

2 Erhitzen Sie eine Pfanne ohne Fett. Legen Sie den Speck hinein und braten Sie ihn von beiden Seiten knusprig an. Lassen Sie ihn auf Küchenpapier abtropfen. Schlagen Sie die Eier in die Pfanne mit dem Bratfett und braten Sie sie, bis die Unterseite kross ist, das Eigelb jedoch noch flüssig.

3 Schneiden Sie die Avocado auf und entfernen Sie den Kern. Schneiden Sie das Fruchtfleisch mit einem scharfen Messer in der Schale vorsichtig in Scheiben und heben Sie sie mit einem Löffel heraus.

4 Schneiden Sie etwas Käse ab und platzieren Sie den Käse, die Avocado, den Speck und die Spiegeleier auf Teller. Bestreuen Sie das Ei und die Avocado mit etwas Salz und Pfeffer. Servieren Sie das Gericht mit dem Marmeladenbrot.

Tipp: Achten Sie vor allem auf die Qualität von Butter, Eiern und Speck. Eier vom Bauern in der Nähe sowie dicke Scheiben Schinkenspeck aus einer lokalen Metzgerei mit hohen Standards machen das sonst einfache Gericht zu einer Delikatesse und Sie ahmen die Esskultur der Schweiz nach, in der viel Wert auf regionale Herkunft und Qualität gelegt wird.

FRANZÖSISCHES OMELETTE MIT SCHWEIZER KÄSE

 2 Port.
 30 Min.
 Mittel

Zutaten

6 Eier
50 ml Milch
Salz, Pfeffer
50 g Emmentaler-Käse
50 g Gruyère-Käse
1 EL Olivenöl
1 Tomate, mittelgroß
1 Handvoll Salatblätter

Außerdem:
Holzspatel, Käsereibe

Nährwerte p. P.

381 kcal
46 g Kohlenhydrate
14 g Fett
14 g Eiweiß

1 Waschen Sie den Salat und die Tomate und tupfen Sie beides mit Küchenpapier trocken. Entfernen Sie den Strunk der Tomate und schneiden Sie sie in dünne Scheiben. Platzieren Sie den Salat auf zwei Tellern und legen Sie die Tomatenscheiben hübsch drapiert darauf.

2 Schlagen Sie die Eier in eine Schüssel. Gießen Sie die Milch dazu und würzen Sie mit Salz und Pfeffer nach Geschmack. Reiben Sie die zwei Sorten Käse grob.

3 Erhitzen Sie das Olivenöl in einer großen Pfanne auf mittlerer Hitze. Gießen Sie die Eimasse in die Pfanne und lassen Sie sie stocken. Ziehen Sie dabei immer wieder den Holzspatel von innen nach außen, sodass sich das typische Faltenmuster ergibt.

4 Bestreuen Sie die Oberseite des Omelettes mit Käse, sobald sie nur noch leicht feucht ist, und klappen Sie eine Hälfte über die andere.

5 Setzen Sie einen Deckel auf die Pfanne und lassen Sie den Käse darunter 3 Minuten schmelzen. Halbieren Sie dann das Omelette und servieren Sie es noch warm.

Tipp: Die feine Eierspeise eignet sich perfekt als Rahmen für würzigen Käse. Nicht zu verwechseln ist das Französische Omelette mit den Schweizer Omeletten, die man anderorts eher als Pfannkuchen oder Crêpes kennt.

KLASSISCHES ZMORGE |
SCHWEIZER FRÜHSTÜCK

2 Port.

10 Min.

Leicht

Zutaten

2 Scheiben Zopf
2 TL Butter
2 TL Honig
200 g Joghurt, natur
1 EL Kerne
1 EL Haferflocken oder Müsli

Nährwerte p. P.

272 kcal
25 g Kohlenhydrate
13 g Fett
11 g Eiweiß

1 Schneiden Sie 2 Scheiben Zopf ab und bestreichen Sie sie jeweils mit 1 TL Butter. Träufeln Sie je 1 TL Honig darüber.

2 Verteilen Sie den Joghurt in zwei Schälchen und bestreuen Sie ihn mit den Kernen und Haferflocken.

Tipp: Servieren Sie dazu heißen Kaffee. Im Kapitel „Brote" finden Sie ein Rezept für Käsezopf, das sich leicht abwandeln lässt. Lassen Sie den Käse weg und reduzieren Sie die Salzmenge, haben Sie einen klassischen Zopf.

Salate

LAUWARMER ROSENKOHLSALAT

4 Port.

30 Min.

Leicht

Zutaten

500 g Rosenkohl
1 Zwiebel, klein
150 g Aprikosen, getrocknet
3 EL Sonnenblumenkerne
4 EL Pflanzenöl
3 EL Essig, hell
Salz, Pfeffer

Außerdem:
Schraubglas

Nährwerte p. P.

240 kcal
27 g Kohlenhydrate
10 g Fett
6 g Eiweiß

1 Putzen Sie den Rosenkohl, indem Sie die äußeren Blätter entkernen und die Strünke dünn abschneiden. Halbieren Sie große Köpfe, sodass alle Rosenkohlköpfe gleich groß sind. Geben Sie den Rosenkohl in den Topf und garen Sie ihn für 10 Minuten bissfest. Gießen Sie das Gemüse ab und lassen Sie es ausdampfen.

2 Schälen Sie die Zwiebel und würfeln Sie sie sehr fein. Geben Sie die Zwiebeln in ein Schraubglas und fügen Sie das Öl, den Essig sowie Salz und Pfeffer hinzu. Schütteln Sie die Mischung kräftig.

3 Schneiden Sie die Aprikosen in feine Würfel. Mischen Sie den Rosenkohl mit den Aprikosen und mischen Sie das Dressing unter.

4 Streuen Sie die Sonnenblumenkerne über den Salat und servieren Sie den Salat noch warm.

CHAMPIGNON-LAUCHSALAT

 4 Port.

 20 Min.

 Leicht

Zutaten

750 g Champignons
200 g Rucola
150 g Tomaten, getrocknet
2 EL Pinienkerne
1 Zitrone (Bioqualität)
1 Knoblauchzehe
4 EL Olivenöl
1 TL Rosmarin, gerebelt
Salz, Pfeffer

Außerdem:
Knoblauchpresse

Nährwerte p. P.

448 kcal
4 g Kohlenhydrate
38 g Fett
20 g Eiweiß

1 Putzen Sie die Champignons und halbieren oder vierteln Sie größere Exemplare, sodass alle Stücke gleich groß sind. Schälen Sie den Knoblauch und pressen Sie ihn in eine Schüssel.

2 Geben Sie 3 EL Olivenöl sowie Salz, Pfeffer und den Rosmarin in die Schüssel und mischen Sie die Zutaten gründlich. Geben Sie die Pilze in die Schüssel und rühren Sie, bis alle Champignons vom Dressing bedeckt sind.

3 Geben Sie die Pilze in den Korb der Heißluftfritteuse und backen Sie sie bei 180 °C für ca. 15 Minuten. Schütteln Sie den Korb währenddessen mehrmals, damit alle Champignons gleichmäßig gegart werden.

4 Brausen Sie den Rucola kühl ab und tupfen Sie ihn mit Küchenpapier trocken. Halbieren Sie die Zitrone.

5 Erhitzen Sie eine Pfanne ohne Fett. Geben Sie die Pinienkerne hinein und rösten Sie sie unter Rühren goldbraun an.

6 Hacken Sie die getrockneten Tomaten grob. Mischen Sie die Tomaten mit den Pinienkernen und dem Rucola. Träufeln Sie währenddessen etwas Zitronensaft direkt aus der halbierten Frucht auf den Salat und richten Sie ihn auf Tellern an.

7 Servieren Sie die Champignons mit mehr Zitronensaft beträufelt auf dem Salat.

Tipp: Die gebackenen Champignons schmecken auch toll ohne Salat mit einem Dip aus Joghurt.

NÜSSLISALAT MIT BIRNEN |

FELDSALAT MIT BIRNEN

4 Port. 20 Min. Leicht

Zutaten

300 g Nüsslisalat (Feldsalat)
2 Birnen
60 g Walnüsse, geschält
2 cm Meerrettich, frisch
2 EL Zucker
1 EL Honig
3 EL Pflanzenöl
2 EL Apfelessig
Salz, Pfeffer

Außerdem:
Backpapier, Reibe

Nährwerte p. P.

260 kcal
25 g Kohlenhydrate
14 g Fett
4 g Eiweiß

1 Putzen Sie den Feldsalat und tupfen Sie ihn mit Küchenpapier trocken und richten Sie ihn auf vier Tellern an.

2 Legen Sie ein Stück Backpapier bereit. Geben Sie die Walnüsse ich eine Pfanne und rösten Sie sie ohne Fett an. Streuen Sie den Zucker dazu und braten Sie alles unter Rühren an, bis der Zucker karamellisiert.

3 Vermischen Sie den Honig, Salz, Pfeffer und den Apfelessig. Geben Sie unter Rühren das Öl hinzu, bis ein feines Dressing entstanden ist.

4 Waschen Sie die Birnen und entkernen Sie sie. Schneiden Sie die Birnen in dünne, feine Streifen. Geben Sie die Birnen auf den Salat und löffeln Sie das Dressing darüber. Streuen Sie die Walnüsse über den Salat.

5 Reiben Sie den Meerrettich direkt vor dem Servieren über den Salat.

Tipp: Dieser Salat schmeckt herrlich facettenreich. Sie können die Birnen auch mit anderem Obst, wie zum Beispiel Äpfeln, oder mit Gemüse, wie zum Beispiel Karotten oder Roter Bete, ersetzen oder ergänzen.

TOMATEN-APRIKOSENSALAT

4 Port. 15 Min. Mittel

Zutaten

500 g Tomaten
200 g Aprikosen
2 Handvoll Rucola (ca. 100 g)
125 g Bohnen, weiß
150 g Sbrinz-Käse (siehe Tipps)
½ TL Rosmarin, gerebelt
5 EL Pflanzenöl
3 EL Zitronensaft
½ TL Zucker
Salz, Pfeffer

Außerdem:
Käsereibe

Nährwerte p. P.

323 kcal
9 g Kohlenhydrate
25 g Fett
13 g Eiweiß

1 Waschen Sie die Tomaten und die Aprikosen. Entfernen Sie die Strünke der Tomaten und die Kerne der Aprikosen. Schneiden Sie beides in mundgerechte Würfel. Waschen Sie den Rucola und schütteln Sie ihn trocken.

2 Bereiten Sie in der Zwischenzeit das Dressing vor, indem Sie das Öl mit Salz, Pfeffer, Rosmarin, Zucker und Zitronensaft in eine Schüssel geben. Verquirlen Sie die Zutaten zu einer Vinaigrette.

3 Geben Sie die Tomaten, die Aprikosen und den Rucola in die Schüssel zum Dressing und mischen Sie alles unter.

4 Gießen Sie die weißen Bohnen ab und mischen Sie sie in den Salat. Servieren Sie den Salat mit dem Käse, indem Sie ihn direkt vor dem Servieren drüberhobeln.

Tipp: Dieser Salat ist ein fantastischer und ausgefallener Sommersalat. Wenn Sie keinen Sbrinz, einen leckeren aromatischen Hartkäse aus der Schweiz, finden, können Sie ihn auch mit Parmesan ersetzen.

CHICORÉESALAT

4 Port.

20 Min.

Leicht

Zutaten

300 g Chicorée-Salat
300 g Radicchio-Salat
2 Orangen
1 Zitrone (Bioqualität)
4 EL Olivenöl
5 EL Essig, hell
Salz, Pfeffer

Außerdem:
Reibe, Schraubglas

Nährwerte p. P.

160 kcal
12 g Kohlenhydrate
9 g Fett
2 g Eiweiß

1 Waschen Sie die Zitrone heiß ab. Reiben Sie etwas von der Schale ab und geben Sie die Zeste in ein Schraubglas. Pressen Sie die Hälfte der Zitrone aus und geben Sie den Saft ins Glas. Fügen Sie Salz und Pfeffer sowie das Olivenöl und den Essig hinzu.

2 Waschen Sie den Schnittlauch und tupfen Sie ihn mit Küchenpapier trocken. Schneiden Sie den Schnittlauch mit einer Schere in feine Röllchen und geben Sie ihn ebenfalls ins Schraubglas. Schrauben Sie es zu und schütteln Sie die Zutaten zu einem Dressing.

3 Waschen Sie den Radicchio und den Chicorée. Schneiden Sie den Radicchio in feine Streifen. Entfernen Sie den Strunk der Chicorée-Salate und schneiden Sie sie längs in Streifen. Richten Sie beide Salate auf Tellern an.

4 Schälen Sie die Orangen und schneiden Sie das Fruchtfleisch in Würfel. Geben Sie die Orangen auf die Teller und löffeln Sie direkt vor dem Servieren das Dressing darüber.

Tipp: Der Salat sieht sehr beeindruckend aus, wenn Sie ihn wie im Rezept beschrieben anrichten. Wenn Sie den Salat transportieren wollen, können Sie die Chicorée-Salate jedoch auch in mundgerechte Stücke schneiden und mit den Orangen mischen. Transportieren Sie das Dressing separat im Schraubglas.

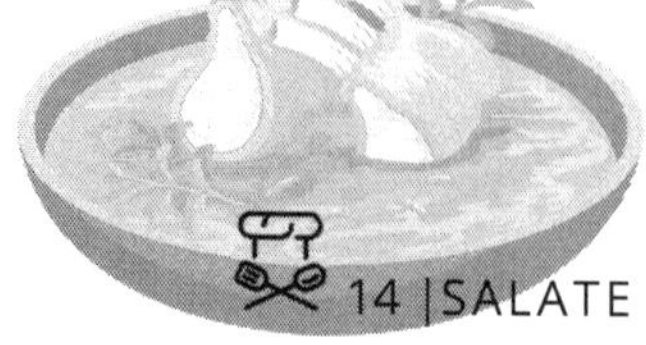

KÄSESALAT MIT MARONI

4 Port.

25 Min.

Mittel

Zutaten

750 g Gruyère-Käse
100 g Maroni, küchenfertig
60 g Speck, gewürfelt
80 g Champignons
1 Zwiebel
1 Bund Schnittlauch
4 EL Pflanzenöl
2 EL Essig, hell
2 EL Senf
½ TL Knoblauchpulver
1 Prise Paprikapulver, süß
¼ TL Salz
½ TL Pfeffer

Außerdem:
Schere

Nährwerte p. P.

1.130 kcal
12 g Kohlenhydrate
90 g Fett
66 g Eiweiß

1 Waschen Sie den Schnittlauch und tupfen Sie ihn mit Küchenpapier trocken. Schneiden Sie den Schnittlauch mit einer Schere in feine Röllchen.

2 Schälen Sie die Zwiebel und würfeln Sie sie fein. Nehmen Sie die Maroni aus der Packung und hacken Sie sie in Würfel. Schneiden Sie den Käse in mundgerechte Würfel.

3 Putzen Sie die Pilze und schneiden Sie sie in Würfel. Geben Sie den Speck in eine Pfanne und braten Sie ihn an, bis das Fett austritt. Geben Sie dann die Pilze hinzu und braten Sie alles noch ca. 10 Minuten weiter, bis die Pilze weich sind und der Speck knusprig ist.

4 Geben Sie in der Zwischenzeit die restlichen Zutaten und die Gewürze in eine Schüssel und mischen Sie sie zu einem Dressing. Geben Sie die Pilze mit dem Speck und dem ausgetretenen Fett dazu und rühren Sie alles gut durch. Geben Sie den Käse, die Zwiebeln und die Maroni dazu und heben Sie sie unter.

Tipp: Dieser Salat schmeckt besonders toll mit frischem Baguette.

SCHWEIZER WURSTSALAT

2 Port.

3 Std. 25 Min.

Mittel

Zutaten

300 g Cervelat (siehe Tipps)
150 g Emmentaler-Käse in Scheiben
100 g Gurken aus dem Glas + 2 EL Sud aus dem Glas
2 Zwiebeln, rot
½ Bund Petersilie
4 EL Pflanzenöl
2 EL Essig, hell
1 EL Senf
Je ¼ TL Salz, Pfeffer, Zucker

Außerdem:
Schneebesen

Nährwerte p. P.

1.023 kcal
9 g Kohlenhydrate
90 g Fett
43 g Eiweiß

1 Geben Sie den Essig und den Gurkensud in eine große Schüssel. Geben Sie Salz, Pfeffer und Zucker hinzu. Fügen Sie den Senf und das Pflanzenöl zu und verquirlen Sie alles zu einem Dressing.

2 Schälen Sie die Zwiebeln, halbieren Sie sie und schneiden Sie sie in dünne Streifen. Schneiden Sie die Gurken in feine Scheiben. Geben Sie die Gurken und die Zwiebeln in die Schüssel.

3 Waschen Sie die Petersilie und tupfen Sie sie trocken. Hacken Sie sie fein. Geben Sie die Petersilie in die Schüssel.

4 Schneiden Sie auch die Wurst und den Käse in dünne Streifen von ca. 0,5 cm Dicke. Geben Sie die Wurst und den Käse in die Schüssel und vermengen Sie alles gründlich mit dem Dressing.

5 Stellen Sie den Salat kalt und lassen Sie ihn vor dem Servieren 3 Stunden ziehen.

Tipp: Die typische Schweizer Brühwurst, die Cervelatwurst, ist hierzulande nicht leicht zu finden. Sie können sie jedoch ganz einfach mit geschnittener Lyoner-Wurst ersetzen.

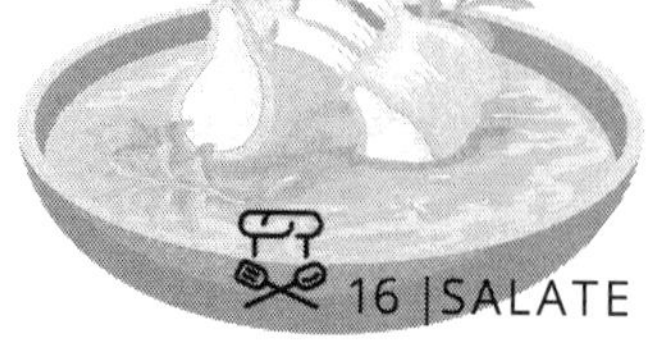

Suppen und Eintöpfe

BÜNDNER GERSTENSUPPE

4 Port.

1 Std. 15 Min.

Mittel

Zutaten

100 g Graupen
1 Bund Suppengrün
2 Karotten (zusätzlich zu der im Suppengrün enthaltenen)
1 Zwiebel
1 Knoblauchzehe
2 EL Gemüsebrühe, gekörnt
1 Liter Wasser
200 ml Sahne
1 EL Butter
70 g Bündnerfleisch
1 Bund Schnittlauch
Salz, Pfeffer

Nährwerte p. P.

319 kcal
28 g Kohlenhydrate
16 g Fett
13 g Eiweiß

1 Schälen Sie den Knoblauch, die Zwiebel und die Karotten und schneiden Sie die Zwiebel und Karotten in Würfel. Hacken Sie den Knoblauch.

2 Waschen Sie das Suppengrün und den Bund Schnittlauch und tupfen Sie alles trocken. Würfeln Sie das Gemüse fein und hacken Sie die Kräuter.

3 Erhitzen Sie das Wasser und lösen Sie die gekörnte Brühe darin auf. Erhitzen Sie die Butter in einem Topf. Geben Sie das geschnittene Gemüse in die Butter und schwitzen Sie alles an. Schneiden Sie das Bündnerfleisch in kleine Würfel und geben Sie es in den Topf.

4 Braten Sie das Fleisch kurz mit und geben Sie dann die Graupen in den Topf. Löschen Sie die Suppe dann mit der Gemüsebrühe ab und geben Sie die Sahne hinzu. Lassen Sie die Suppe 1 Stunde auf kleiner Hitze köcheln.

5 Schmecken Sie vorm Servieren mit Salz und Pfeffer ab.

Tipp: Bündnerfleisch ist eine Spezialität des Kantons Graubünden. Es handelt sich hier um Rindfleisch, das an der Luft getrocknet wurde.

SOUPE DE CHALET |

FREIBURGER HÜTTENSUPPE

4 Port. | 1 Std. 10 Min. | Mittel

Zutaten

6 Kartoffeln, mittelgroß
1 Zwiebel
2 Handvoll Brennnesselspitzen
100 g Nudeln (Hörnchen)
1 EL Butter
2 EL Rinderbrühe, gekörnt
1 Liter Wasser
500 ml Milch
100 ml Sahne
120 g Gruyère-Käse
1 Prise Muskat
Salz, Pfeffer

Außerdem:
Käsereibe

Nährwerte p. P.

486 kcal
46 g Kohlenhydrate
23 g Fett
20 g Eiweiß

1 Brausen Sie die Brennnesselblätter unter kaltem Wasser ab und stellen Sie sie zur Seite. Schälen Sie die Zwiebel und die Kartoffeln und würfeln Sie beides fein.

2 Reiben Sie den Käse und stellen Sie ihn zur Seite. Kochen Sie das Wasser auf und rühren Sie die gekörnte Brühe ein, bis diese sich aufgelöst hat.

3 Erhitzen Sie die Butter in einem Topf und dünsten Sie die Zwiebeln darin an. Geben Sie die Kartoffeln hinzu und löschen Sie mit der Rinderbrühe ab. Gießen Sie die Milch hinzu und lassen Sie die Suppe 30 Minuten köcheln.

4 Geben Sie nun die Nudeln und die Brennnesselblätter in die Flüssigkeit und köcheln Sie sie nochmals 15 Minuten auf mittlerer Hitze.

5 Schalten Sie die Hitze ab und rühren Sie die Sahne in die Suppe. Schmecken Sie mit Salz, Pfeffer und Muskat ab.

6 Geben Sie ein Viertel des geriebenen Käses in je eine Suppenschüssel. Gießen Sie die Suppe darauf und servieren Sie sie direkt.

Tipp: Sie können die Kräuter für diese Suppe wunderbar im Garten sammeln, indem Sie die hellgrünen feinen Blätter der Brennnesseln abzupfen. Diese verlieren beim Garen ihre brennende Wirkung und schmecken sehr lecker. Alternativ können Sie die Brennnesseln auch mit Babyspinat ersetzen.

MARONISUPPE | ESSKASTANIENSUPPE

4 Port.

40 Min.

Mittel

Zutaten

200 g Maronen bzw. Esskastanien
1 Karotte
1 Zwiebel
½ Staudensellerie
1 EL Gemüsebrühe, gekörnt
700 ml Wasser
150 ml Sahne
1 EL Butter
100 g Salsiz
Salz, Pfeffer

Außerdem:
Mixer, Stabmixer

Nährwerte p. P.

379 kcal
23 g Kohlenhydrate
28 g Fett
10 g Eiweiß

1 Stellen Sie die Sahne kalt. Schälen Sie die Karotte und die Zwiebel und schneiden Sie beides in grobe Würfel. Waschen Sie den Staudensellerie und schneiden Sie ihn in Scheiben.

2 Erhitzen Sie die Butter in einem Topf. Geben Sie das Gemüse hinein und dünsten Sie es kurz an. Geben Sie nach 5 Minuten die Maronen hinzu und garen Sie sie kurz mit. Streuen Sie die gekörnte Brühe darüber und löschen Sie mit dem Wasser ab. Lassen Sie die Suppe auf mittlerer Hitze mit Deckel ca. 30 Minuten köcheln.

3 Schneiden Sie in der Zwischenzeit die Salsiz in kleine Würfel. Rösten Sie diese in einer Pfanne ohne Fett an, bis diese knusprig und goldbraun sind. Stellen Sie sie zur Seite.

4 Nehmen Sie die Sahne aus dem Kühlschrank und schlagen Sie sie mit dem Mixer auf. Stellen Sie die Suppe vom Herd und pürieren Sie sie. Schmecken Sie mit Salz und Pfeffer ab und heben Sie die Hälfte der Schlagsahne unter.

5 Servieren Sie die Suppe mit dem Rest der Schlagsahne und den knusprigen Salsizwürfeln bestreut.

Tipp: Verwenden Sie küchenfertige oder tiefgekühlte Esskastanien. Lassen Sie diese gegebenenfalls vor der Zubereitung auftauen.

CIMA DI RAPA SUPPE | STÄNGELKOHLSUPPE

 4 Port.

 45 Min.

 Leicht

Zutaten

500 g Cima di Rapa
1 Zwiebel
1 Knoblauchzehe
1 EL Butter
2 EL Gemüsebrühe, gekörnt
1 Liter Wasser
100 ml Sahne
150 g Blauschimmelkäse (z. B. Gorgonzola)
2 EL Mandelblättchen
Salz, Pfeffer

Außerdem:
Stabmixer

Nährwerte p. P.

80 kcal
12 g Kohlenhydrate
26 g Fett
14 g Eiweiß

1 Stellen Sie die Sahne kalt. Schälen Sie die Zwiebel und den Knoblauch und schneiden Sie beides in grobe Würfel. Waschen Sie den Cima di Rapa und schneiden Sie ihn in grobe Stücke.

2 Bringen Sie zwei Liter Wasser zum Kochen. Nehmen Sie einen Liter ab und rühren Sie die Brühe hinein, bis diese aufgelöst ist. Übergießen Sie den Cima di Rapa mit dem restlichen heißen Wasser.

3 Erhitzen Sie die Butter in einem Topf und dünsten Sie Zwiebeln und Knoblauch darin an. Geben Sie den Kohl hinzu und löschen Sie nach kurzer Zeit mit der Gemüsebrühe ab.

4 Lassen Sie die Suppe auf mittlerer Hitze mit Deckel ca. 20 Minuten köcheln. Rösten Sie in der Zwischenzeit die Mandelblättchen in einer Pfanne ohne Fett goldbraun an. Stellen Sie sie zur Seite.

5 Nehmen Sie sie Sahne aus dem Kühlschrank und schlagen Sie sie halbsteif auf. Nehmen Sie den Topf vom Herd. Geben Sie dann den Blauschimmelkäse zur Suppe hinzu und pürieren Sie die Zutaten fein. Schmecken Sie mit Salz und Pfeffer ab.

6 Servieren Sie die Suppe mit etwas Schlagsahne obenauf und den knusprigen Mandeln bestreut.

Tipp: Cima di Rapa wird auch Stängelkohl genannt und kommt aus Norditalien. Er ist jedoch auch in der Schweiz eine beliebte Spezialität und wird besonders im Italienisch sprechenden Teil gerne in der Küche verwendet. Falls Sie hierzulande keinen Cima di Rapa finden, können Sie ihn in diesem Rezept auch mit jeweils der Hälfte Brokkoli und frischem Grünkohl ersetzen.

SCHAFFHAUSER LAUCHSUPPE MIT RIESLING

4 Port.

30 Min.

Leicht

Zutaten

1 Stange Lauch
60 g Sellerie
1 Zwiebel, groß
3 EL Gemüsebrühe, gekörnt
1,2 Liter Wasser
300 ml Weißwein (Riesling)
200 ml Sahne
3 EL Butter
4 EL Mehl
Salz, Pfeffer

Außerdem:
Mixer, Stabmixer

Nährwerte p. P.

359 kcal
15 g Kohlenhydrate
27 g Fett
4 g Eiweiß

1 Stellen Sie 100 ml der Sahne kalt. Schälen Sie die Zwiebel und den Sellerie. Putzen Sie den Lauch und schneiden Sie ihn in feine Ringe. Würfeln Sie Zwiebel und Sellerie und stellen Sie das Gemüse zur Seite. Erhitzen Sie das Wasser und rühren Sie die gekörnte Brühe ein.

2 Erhitzen Sie die Butter in einem Topf auf mittlerer Hitze. Dünsten Sie das Gemüse darin kurz mit.

3 Wenn die Zwiebeln glasig sind, bestreuen Sie das Gemüse mit dem Mehl und gießen Sie unter Rühren die Brühe hinzu. Lassen Sie die Suppe 15 Minuten köcheln, bis der Sellerie weich ist.

4 Nehmen Sie den Topf vom Herd und pürieren Sie die Suppe fein. Gießen Sie die restlichen 100 ml Sahne und den Wein in die Suppe und schmecken Sie mit Salz und Pfeffer ab.

5 Holen Sie die kalt gestellte Sahne aus dem Kühlschrank und schlagen Sie sie auf. Heben Sie die Schlagsahne unter die Suppe und schmecken Sie vor dem Servieren nochmals ab.

Tipp: Verwenden Sie in der Suppe am besten einen Riesling-Silvaner aus Schaffhausen.

BASLER MEHLSUPPE

4 Port.

1 Std.

Mittel

Zutaten

1 Zwiebel
1 Knoblauchzehe
5 EL Butter
5 EL Mehl
100 ml Rotwein
1 Liter Wasser
2 EL Fleischbrühe, gekörnt
120 g Käse (z. B. Gruyère)
Salz, Pfeffer

Außerdem:
Käsereibe

Nährwerte p. P.

279 kcal
11 g Kohlenhydrate
19 g Fett
10 g Eiweiß

1 Schälen Sie die Zwiebel und schneiden Sie sie in feine Streifen. Schälen Sie den Knoblauch und pressen Sie ihn. Stellen Sie die Zwiebel und den Knoblauch erst mal zur Seite. Kochen Sie das Wasser auf und rühren Sie die gekörnte Brühe ein, bis diese sich auflöst.

2 Rösten Sie unter Rühren das Mehl in einer Pfanne ohne Fett auf mittlerer Hitze an, bis es gut gebräunt ist. Nehmen Sie das Mehl aus der Pfanne und lassen Sie es leicht abkühlen.

3 Erhitzen Sie die Butter in einem Topf und dünsten Sie die Zwiebeln und den gepressten Knoblauch darin an. Streuen Sie das leicht abgekühlte Mehl hinzu und löschen Sie unter Rühren mit dem Rotwein ab. Gießen Sie die Brühe hinzu.

4 Lassen Sie die Flüssigkeit 60 Minuten auf kleiner Flamme mit aufgelegtem Deckel köcheln. Schmecken Sie zum Schluss mit Salz und Pfeffer ab.

5 Servieren Sie die Suppe in Schüsseln, mit dem Käse bestreut.

Tipp: Diese Suppe wird traditionell zur Basler Fastnacht gegessen und schmeckt besonders gut mit den leckeren Fastenwähen, die Sie im Kapitel „Brot“ finden können.

FLÄDLISUPPE |

GEMÜSESUPPE MIT EINLAGE

 4 Port.  35 Min.  Mittel

Zutaten

Für die Flädli:

100 g Mehl
100 ml Wasser
100 ml Milch
1 Ei
¼ TL Salz
4 EL Butter zum Braten

Für die Suppe:

1 Bund Suppengrün
1 Zwiebel
1 Knoblauchzehe
2 EL Gemüsebrühe, gekörnt
1 Liter Wasser
1 EL Butter
1 Bund Schnittlauch
Salz, Pfeffer

Nährwerte p. P.

204 kcal
22 g Kohlenhydrate
10 g Fett
6 g Eiweiß

1 Bereiten Sie den Teig zu, indem Sie das Mehl in eine Schüssel geben und das Salz einrühren. Formen Sie eine Mulde im Mehl und schlagen Sie das Ei hinein. Gießen Sie das Wasser und die Milch hinein und verquirlen Sie alles zu einem glatten Teig. Lassen Sie den Teig nun 15 Minuten ruhen.

2 Schälen Sie den Knoblauch, die Zwiebel und würfeln Sie beides fein. Waschen Sie das Suppengrün und den Bund Schnittlauch und tupfen Sie alles trocken. Würfeln Sie das Gemüse fein und hacken Sie die Kräuter. Stellen Sie den Schnittlauch zur Seite.

3 Erhitzen Sie das Wasser und lösen Sie die gekörnte Brühe darin auf. Erhitzen Sie die Butter in einem Topf. Geben Sie das geschnittene Gemüse in die Butter und schwitzen Sie alles an. Löschen Sie das Gemüse dann mit der Gemüsebrühe ab und lassen Sie die Suppe ca. 15 Minuten auf kleiner Hitze köcheln.

4 Bereiten Sie in der Zwischenzeit die Flädli zu. Erhitzen Sie dazu die Butter in einer Pfanne und gießen Sie den Teig hinein. Wenden Sie den Teig, wenn er unten gar ist, und backen Sie ihn weiter. Der Pfannkuchen sollte goldgelb und nicht zu dunkel werden.

5 Wenn das Suppengemüse gar ist schmecken Sie mit Salz und Pfeffer ab und stellen Sie den Topf vom Herd. Schneiden Sie den Pfannkuchen in feine Streifen und geben Sie diese in die Suppe. Servieren Sie die Flädlisuppe mit dem Schnittlauch bestreut.

Tipp: Verwenden Sie Gemüse, das gerade Saison hat, damit es frischer ist. Alles ist möglich: Blumenkohl, Brokkoli, Pastinaken, kleine Kartoffeln, Erbsenschoten, Champignons, alles, was sie mögen, ist möglich.

Brot

GRITTIBÄNZE |

KLEINE KERLE AUS HEFETEIG

12 Port.

1 Std. 40 Min.

Schwer

Zutaten

Für den Teig:
1 kg Mehl
2 TL Salz
2 EL Zucker
150 g Butter, weich
42 g Hefe, frisch
600 ml Milch
1 Ei

Zum Verzieren:
24 Rosinen
20 Haselnüsse
10 Pistazien
2 EL Hagelzucker
1 EL Mohn

Außerdem:
Backpapier, Backpinsel, Schere

Nährwerte p. P.

505 kcal
71 g Kohlenhydrate
18 g Fett
12 g Eiweiß

1 Mischen Sie das Mehl, das Salz und den Zucker in einer Schüssel. Erhitzen Sie die Milch, sodass diese lauwarm ist. Bröckeln Sie die Hefe hinein und rühren Sie, bis diese sich aufgelöst hat. Gießen Sie die Milch in das Mehl. Geben Sie die weiche Butter hinzu und kneten Sie alles 15 Minuten zu einem elastischen Teig. Decken Sie die Schüssel gründlich ab und lassen Sie den Teig an einem warmen Ort für 45 Minuten gehen.

2 Teilen Sie den Teig in 13 Stücke auf. Rollen Sie 12 Stücke zu Kugeln auf.

3 Nun geht es ans Formen der Grittibänze. Drücken Sie die Kugel zu einem Oval von ca. 12 cm. Formen Sie an einem Ende den Kopf, indem Sie den Teig mit den Fingern bei ca. 3 cm Länge eindrücken, um eine dünne Stelle zu formen. Dies ist der Hals. Schneiden Sie den Teig darunter rechts und links mit der Schere länglich ein. Dies sind die Arme. Schneiden Sie den Teig am anderen Ende mit der Schere noch mal längs ein, um so die Beine zu formen. Verfahren Sie ebenso mit den restlichen Kugeln und nutzen Sie das 13. Teigstück, um die Teiglinge zu verzieren. Formen Sie hieraus Hüte, Zöpfe, Schals usw. für die kleinen Männchen.

4 Legen Sie die Teiglinge auf ein mit Backpapier belegtes Blech und lassen Sie sie nochmals abgedeckt ca. 15 Minuten an einem warmen Ort gehen.

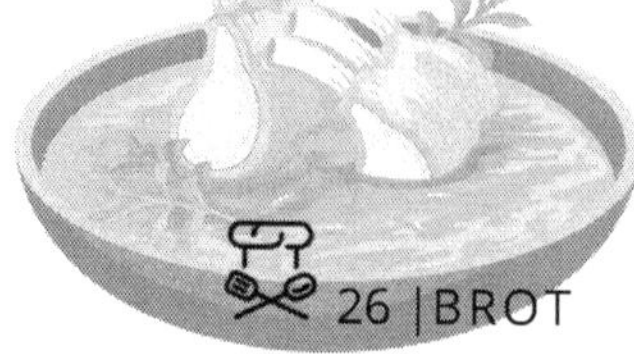

5 Heizen Sie den Backofen auf 200 °C Ober- und Unterhitze vor. Schlagen Sie das Ei in eine Schüssel und verquirlen Sie es. Bestreichen Sie die Teiglinge mit dem Ei und verzieren Sie sie im Anschluss mit den Nüssen, dem Mohn und dem Hagelzucker. Die Rosinen formen die Augen, drücken Sie sie dazu in den Teig.

6 Backen Sie die Grittibänze ca. 20 Minuten im Ofen, bis diese goldbraun sind.

Tipp: Diese lustigen Kerle aus Hefeteig kennt man in Deutschland als Weckmänner. Doch Sie können sich hier austoben: Weibliche und männliche Grittibänze mit Kronen, Zöpfen und kreativer Verzierung sollen in der Schweiz bereits im Advent gesichtet worden sein.

FASTENWÄHE |

FASTNACHTSFLADEN

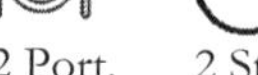

12 Port. 2 Std. Schwer

Zutaten

500 g Mehl
1 Ei
300 ml Milch
175 g Butter
½ TL Zucker
2 TL Salz
½ Würfel Hefe, frisch
1 EL Kümmel

Außerdem:
Backpapier, scharfes Messer

Nährwerte p. P.

266 kcal
30 g Kohlenhydrate
14 g Fett
5 g Eiweiß

1 Erwärmen Sie die Milch leicht. Sie sollte lauwarm, jedoch nicht über 42 °C warm werden. Bröckeln Sie die Hefe in die Milch und fügen Sie den Zucker hinzu. Rühren Sie, bis sich die Hefe aufgelöst hat.

2 Geben Sie das Mehl und das Salz in eine Schüssel. Schneiden Sie die Butter in kleine Würfel und geben Sie sie zum Mehl. Gießen Sie die Hefemilch in die Schüssel und verkneten Sie alles zu einem elastischen Teig. Lassen Sie den Teig zugedeckt an einem warmen Ort 1 Stunde gehen.

3 Heizen Sie den Backofen auf 200 °C vor. Belegen Sie zwei Bleche mit Backpapier.

4 Teilen Sie den Teig in 12 gleich große Stücke. Rollen Sie jedes Stück zu einer Kugel und formen Sie dann Fladen von ca. 1 cm Dicke. Schneiden Sie in jeden Fladen 4 Schlitze und ziehen Sie diese etwas auseinander, um die typische Form zu erzielen.

5 Trennen Sie das Ei und verquirlen Sie das Eigelb. Verwenden Sie das Eiweiß anderweitig. Bestreichen Sie die Fladen mit dem Eigelb und bestreuen Sie sie mit dem Kümmel.

6 Backen Sie die Fladen für 15 bis 20 Minuten, bis sie gut aufgegangen und goldbraun sind.

Tipp: Fastenwähe sind ein klassisches Basler Gebäck, das zur Fastnachtszeit gegessen wird. Dazu passt die Basler Mehlsuppe.

SCHOGGIWEGGLI | SCHOKOLADENBRÖTCHEN

12 Port.

2,5 Std.

Mittel

Zutaten

500 g Mehl
1 Ei
300 ml Milch
100 g Butter
80 g Zucker
1 TL Salz
½ Würfel Hefe, frisch
100 g Schokolade, zartbitter

Außerdem:
Backpapier

Nährwerte p. P.

268 kcal
37 g Kohlenhydrate
10 g Fett
7 g Eiweiß

1 Erwärmen Sie die Milch leicht. Sie sollte lauwarm, jedoch nicht über 42 °C warm werden. Bröckeln Sie die Hefe in die Milch und fügen Sie den Zucker hinzu. Rühren Sie, bis sich die Hefe aufgelöst hat.

2 Geben Sie das Mehl und das Salz in eine Schüssel. Schneiden Sie die Butter in kleine Würfel und geben Sie sie zum Mehl. Gießen Sie die Hefemilch in die Schüssel und verkneten Sie alles zu einem elastischen Teig.

3 Hacken Sie die Schokolade grob in Stücke. Kneten Sie die Schokolade in den Teig. Lassen Sie den Teig zugedeckt an einem warmen Ort 1 Stunde gehen.

4 Heizen Sie den Backofen auf 200 °C vor. Belegen Sie zwei Bleche mit Backpapier.

5 Teilen Sie den Teig in 12 gleich große Stücke. Rollen Sie jedes Stück zu einer Kugel und verteilen Sie sie mit Abstand auf dem Backblech. Trennen Sie das Ei und verquirlen Sie das Eigelb. Verwenden Sie das Eiweiß anderweitig. Bestreichen Sie die Brötchen mit dem Eigelb.

6 Backen Sie die Fladen für 15 bis 20 Minuten, bis sie gut aufgegangen und goldbraun sind.

Tipp: Klassischerweise werden die Schoggiweggli mit dunkler Schokolade gebacken. Die großen herben Stücke passen perfekt zum fluffigen Hefeteig. Sie können die Schokolade jedoch auch mit Vollmilchschokolade oder weißer Schokolade ersetzen. Passen Sie dann die Menge an Zucker etwas nach unten an.

TESSINER MAISBROT

10 Port.

15 Std.

Mittel

Zutaten

150 g Polenta + 2 EL zum Bestreuen der Form
300 g Ruchmehl (siehe Tipps)
100 g Maismehl
1 Würfel Hefe
400 ml Wasser
100 ml Milch
1 EL Butter
1 TL Zucker
1 TL Salz

Außerdem:
Kastenform

Nährwerte p. P.

195 kcal
33 g Kohlenhydrate
5 g Fett
5 g Eiweiß

1 Geben Sie die Polenta in eine große Schüssel. Kochen Sie 300 ml Wasser auf und gießen Sie es dazu. Lassen Sie die Polenta über Nacht quellen.

2 Erwärmen Sie die Milch und 100 ml Wasser, sodass beides lauwarm, aber nicht über 42 °C ist. Rühren Sie den Zucker ein und bröckeln Sie die Hefe hinzu. Rühren Sie, bis sich die Hefe aufgelöst hat.

3 Mischen Sie die Polenta mit dem Maismehl, dem Mehl und dem Salz. Formen Sie in der Mitte eine Mulde und gießen Sie die Hefemilch hinzu. Kneten Sie die Zutaten gründlich, sodass ein elastischer Teig entsteht. Lassen Sie den Teig 1 Stunde abgedeckt an einem warmen Ort gehen.

4 Bestreichen Sie das Innere mit Butter und bestreuen Sie es mit etwas Polenta. Geben Sie den Teig in die Kastenform und lassen Sie ihn nochmals ca. 30 Minuten an einem warmen Ort gehen. Heizen Sie den Backofen zum Ende der Gehzeit auf 180 °C Umluft vor.

5 Backen Sie das Brot für 45 bis 60 Minuten im Ofen. Lassen Sie es danach auf einem Gitter auskühlen.

Tipp: Ruchmehl bezeichnet Weizen- oder Dinkelmehl, das „rau“ gemahlen ist. Ein Mehl also, das etwas gröber ist und noch einen großen Anteil an Schalen enthält. Dadurch ist es nährstoffreich und nahrhaft. Verwenden Sie als Ersatz eine Mischung aus Dinkel- und Weizenvollkornmehl.

PANE TICINESE |

TESSINER BROT

10 Port.

2 Std.

Schwer

Zutaten

500 g Weizenmehl
1 Würfel Hefe
300 ml Wasser
30 ml Olivenöl
1 TL Zuckerrübensirup
1 TL Salz

Außerdem:
Backpapier, scharfes Messer

Nährwerte p. P.

193 kcal
30 g Kohlenhydrate
9 g Fett
8 g Eiweiß

1 Erwärmen Sie das Wasser, sodass es lauwarm, aber nicht über 42 °C ist. Rühren Sie den Zuckerrübensirup ein und bröckeln Sie die Hefe hinzu. Rühren Sie, bis sich die Hefe aufgelöst hat.

2 Mischen Sie das Mehl mit dem Salz und dem Olivenöl. Formen Sie in der Mitte eine Mulde und gießen Sie das Hefewasser hinzu. Kneten Sie die Zutaten gründlich, sodass ein elastischer Teig entsteht. Lassen Sie den Teig 2 Stunden abgedeckt an einem warmen Ort gehen.

3 Belegen Sie ein Backblech mit Backpapier. Teilen Sie den Teig in 6 gleich große Teile und formen Sie aus jedem eine längliche Rolle. Legen Sie die Rollen eng nebeneinander auf das Backblech. Decken Sie den Teig ab und lassen Sie ihn erneut 1 Stunde gehen.

4 Heizen Sie den Backofen auf die maximale Gradzahl vor. Stellen Sie eine kleine feuerfeste Schüssel mit Wasser in den Ofen. Schneiden Sie den Teig mit einem scharfen Messer quer zu den Teigsträngen ein.

5 Backen Sie das Brot für 15 Minuten. Stellen Sie die Hitze auf 180 °C herab und backen Sie es weitere 20 bis 30 Minuten, bis das Brot goldbraun ist. Lassen Sie es danach auf einem Gitter auskühlen.

Tipp: Die 6 Rillen, die an ein Sixpack erinnern, sind die klassische Form dieses Brotes. Es eignet sich wunderbar, um in Stücke gebrochen zu werden und wie Brötchen zum Frühstück oder zu einer Suppe oder einem herzhaften Dip gereicht zu werden.

WALLISER ROGGENBROT

10 Port.

15 Std.

Schwer

Zutaten

Für den Vorteig:
½ Würfel Hefe, frisch
500 ml Wasser
250 g Roggenvollkornmehl

Für den Hauptteig:
½ Würfel Hefe, frisch
450 g Roggenvollkornmehl
50 g Weizenvollkornmehl
2 TL Salz
50 g Trockenfrüchte (z. B. Datteln, Feigen, Rosinen oder eine Mischung)
50 g Walnüsse

Außerdem:
Backpapier

Nährwerte p. P.

223 kcal
47 g Kohlenhydrate
1 g Fett
5 g Eiweiß

1 Erwärmen Sie das Wasser, sodass es lauwarm ist, aber nicht über 42 °C, und geben Sie es in eine Schüssel. Bröckeln Sie die Hefe hinzu. Rühren Sie, bis sich die Hefe aufgelöst hat, und rühren Sie dann das Mehl ein. Lassen Sie die Mischung bei Zimmertemperatur 12 Stunden gehen.

2 Rühren Sie am nächsten Tag die restliche Hefe in den Vorteig, sodass sie sich auflöst. Geben Sie die beiden Sorten Mehl mit dem Salz zum Vorteig hinzu. Mischen Sie alles gründlich und kneten Sie einen elastischen Teig. Decken Sie den Teig zu und lassen Sie ihn abgedeckt an einem warmen Ort 1 Stunde gehen.

3 Schneiden Sie die Trockenfrüchte in kleine Würfel. Hacken Sie die Walnüsse grob. Geben Sie beides zum Teig in die Schüssel und kneten Sie es in den Teig ein. Decken Sie die Schüssel mit einem feuchten Küchentuch ab und lassen Sie den Teig darunter an einem warmen Ort nochmals 1 Stunde gehen.

4 Belegen Sie ein Backblech mit Backpapier. Heizen Sie den Ofen auf 200 °C Umluft vor. Formen Sie ein Brot aus dem Teig und legen Sie es auf das Backblech. Backen Sie das Brot 45 bis 60 Minuten.

5 Das Brot ist durch, wenn es beim Klopfen auf die Oberseite hohl klingt. Nehmen Sie das Brot heraus und lassen Sie es auf einem Gitter komplett auskühlen.

Tipp: Das Walliser Roggenbrot ist unwahrscheinlich saftig. Sie können die Früchte und die Nüsse auch variieren oder weglassen. Es wird trotzdem wunderbar schmecken und eignet sich (mit oder ohne Früchte) perfekt als Unterlage für das Butterbrot mit Schweizer Käse und frischen Kräutern.

KÄSEZOPF

10 Port.

2 Std.

Mittel

Zutaten

1 kg Weizenmehl (oder eine Mischung aus hellem und Vollkornweizenmehl)
1 Würfel Hefe, frisch
500 ml Milch
100 g Butter
150 g Käse (z. B. Emmentaler oder Appenzeller)
2 Eier
1 EL Salz
½ TL Pfeffer, gemahlen
1 EL Senf, mild

Außerdem:
Backpapier

Nährwerte p. P.

268 kcal
36 g Kohlenhydrate
9 g Fett
10 g Eiweiß

1 Geben Sie das Mehl mit dem Salz und dem Pfeffer in eine Schüssel. Mischen Sie alles gründlich und formen Sie dann in der Mitte eine Mulde.

2 Schmelzen Sie die Butter auf kleiner Hitze. Erwärmen Sie die Milch, sodass sie lauwarm ist. Bröckeln Sie die Hefe in die Milch und rühren Sie, bis diese sich aufgelöst hat.

3 Reiben Sie den Käse. Geben Sie den Senf und den Käse in die Mulde in die Schüssel. Trennen Sie eines der Eier. Stellen Sie das Eigelb zur Seite und geben Sie das Eiweiß sowie das zweite Ei in die Schüssel.

4 Gießen Sie die flüssige Butter zu den Zutaten in der Schüssel. Gießen Sie die Hefemilch in die Schüssel und verkneten Sie alles zu einem elastischen, feinen Teig. Lassen Sie den Teig abgedeckt an einem warmen Ort 1 Stunde gehen.

5 Streuen Sie etwas Mehl auf die Arbeitsfläche und nehmen Sie den Teig aus der Schüssel. Halbieren Sie den Teig und rollen Sie jede Hälfte auf der Arbeitsfläche zu einer dicken Wurst. Flechten Sie die beiden Würste übereinander, sodass das typische Zopfmuster entsteht.

6 Belegen Sie ein Backblech mit Backpapier und legen Sie den Teig darauf. Decken Sie ihn ab und lassen Sie ihn noch mal 30 Minuten an einem warmen Ort gehen.

7 Heizen Sie den Backofen auf 180 °C Umluft vor. Bestreichen Sie den Zopf mit dem verbliebenen Eigelb. Backen Sie den Zopf darin 45 bis 60 Minuten, bis er goldbraun ist. Servieren Sie ihn am besten lauwarm.

Tipp: Zopf wird in der Schweiz sehr gerne zum Sonntagsfrühstück gegessen. Dies ist die herzhafte Version und schmeckt besonders lecker mit würzigem Schweizer Käse und Essiggurken belegt.

Hauptgerichte mit Fleisch & Geflügel

ÄLPLERMAGRONEN |

ALPHÜTTEN ONE-POT-PASTA

4 Port. 30 Min. Leicht

Zutaten

250 g Makkaroni
4 Kartoffeln
2 Zwiebeln
1 süßsaurer Apfel
200 ml Sahne
600 ml Wasser
1 EL Gemüsebrühe, gekörnt
100 g Käse (z. B. Appenzeller)
4 Scheiben Speck
Salz, Pfeffer

Außerdem:
Käsereibe

Nährwerte p. P.

792 kcal
75 g Kohlenhydrate
39 g Fett
23 g Eiweiß

1 Schälen Sie die Zwiebeln und schneiden Sie sie in Scheiben. Waschen Sie den Apfel und die Kartoffeln gründlich ab. Entkernen und würfeln Sie den Apfel. Schneiden Sie die Kartoffeln in Scheiben. Reiben Sie den Käse.

2 Schneiden Sie den Speck in Stücke und geben Sie ihn in eine Pfanne. Braten Sie ihn an, bis das Fett austritt. Geben Sie dann die Zwiebeln und die Apfelstücke hinzu und braten Sie alles mit, bis die Zwiebeln weich sind.

3 Geben Sie die Kartoffelscheiben mit der gekörnten Brühe und dem Wasser in einen Topf. Kochen Sie das Wasser auf und garen Sie die Kartoffeln für 10 Minuten. Geben Sie die Makkaroni und die Sahne hinzu und kochen Sie die Mischung weitere 10 bis 15 Minuten, bis die Pasta weich ist und die Flüssigkeit aufgenommen wurde.

4 Nehmen Sie den Topf vom Herd und geben Sie den Käse hinein. Schmecken Sie mit Salz und Pfeffer ab.

5 Servieren Sie die Älplermagronen mit etwas Speck-Apfel-Topping obendrauf.

Tipp: Dieses Gericht eignet sich perfekt für kühles Alpenwetter und gemütliche winterliche Abende.

HACKFLEISCH-OMELETTEN MIT APFELMUS

4 Port.

50 Min.

Leicht

Zutaten

Für die Omeletten:
400 g Mehl
400 ml Wasser
400 ml Milch
4 Eier
1 TL Salz
½ Bund Schnittlauch
Ca. 100 g Butter zum Braten

Für die Hackfleischfüllung:
500 g Hackfleisch, gemischt
1 Zwiebel, klein
2 EL Tomatenmark
2 EL Butter
200 ml Rotwein
50 ml Sahne
1 TL Majoran, gerebelt
½ TL Paprikapulver
Salz, Pfeffer

Für das Apfelmus:
2 süßsaure Äpfel, groß
1 TL Zucker
1 TL Zitronensaft
2 EL Wasser

1 Bereiten Sie den Teig zu, indem Sie das Mehl in eine Schüssel geben und das Salz untermischen. Formen Sie eine Mulde im Mehl und schlagen Sie die Eier hinein. Gießen Sie das Wasser und die Milch hinein und verquirlen Sie alles zu einem glatten Teig. Lassen Sie den Teig nun 30 Minuten ruhen.

2 Bereiten Sie als Nächstes das Apfelmus zu. Schälen Sie dazu die Äpfel und entkernen Sie sie. Schneiden Sie die Äpfel in große Würfel und geben Sie sie mit dem Wasser in einen Kochtopf. Kochen Sie die Äpfel auf kleiner Flamme ca. 15 Minuten, bis die Apfelstücke zerfallen. Schmecken Sie zum Schluss mit Zucker und Zitronensaft ab und stellen Sie das Apfelmus zur Seite.

3 Waschen Sie den Bund Schnittlauch, tupfen Sie ihn trocken und schneiden Sie die Stängel in feine Röllchen. Stellen Sie den Schnittlauch zur Seite.

4 Schälen Sie die Zwiebel und würfeln Sie sie sehr fein. Erhitzen Sie 2 EL Butter in einer Pfanne und dünsten Sie die Zwiebelwürfel darin glasig an. Geben Sie das Hackfleisch und das Tomatenmark in eine Pfanne und braten Sie es mit. Würzen Sie mit dem Salz, Pfeffer und Paprikapulver sowie dem Majoran.

Außerdem:
Sie benötigen 2 große Pfannen, um die Komponenten parallel zuzubereiten

Nährwerte p. P.

191 kcal
23 g Kohlenhydrate
8 g Fett
6 g Eiweiß

5 Löschen Sie das Hackfleisch mit dem Rotwein ab und gießen Sie die Sahne hinzu. Lassen Sie die Flüssigkeit leicht einköcheln und schmecken Sie nochmals ab.

6 Erhitzen Sie dazu eine kleine Menge der restlichen 100 g Butter in einer Pfanne und gießen Sie 1 bis 2 Schöpfkellen vom Omeletten-Teig hinein. Wenden Sie den Teig, wenn er unten gar ist, und backen Sie ihn weiter. Der Pfannkuchen sollte goldgelb und nicht zu dunkel werden. Verfahren Sie so, bis der Teig aufgebraucht ist.

7 Stellen Sie die fertig gebackenen Omeletten warm, bis alle fertig gebacken sind. Geben Sie jeweils eine gute Portion Hackfleisch auf jeden Pfannkuchen und rollen Sie sie ein. Servieren Sie die Pfannkuchen, mit dem Schnittlauch bestreut und dem Apfelmus an der Seite.

Tipp: Die Kombination aus Hackfleisch und Apfelmus mag gewöhnungsbedürftig erscheinen, doch es lohnt sich, sie auszuprobieren. Beides sind Zutaten der Schweizer Hausmannskost. Die Süße der Äpfel ergänzt die würzige Hackfleischfüllung in den Pfannkuchen perfekt.

BÜNDNER CAPUNS |

MANGOLDROULADEN

4 Port.

45 Min.

Mittel

Zutaten

24 Mangoldblätter
1 Zwiebel
100 g helles Brot
300 g Mehl
50 ml Milch
3 Eier
150 g Speck
100 g Käse
2 EL Olivenöl
50 g Butter
Je 1 Bund Petersilie und Schnittlauch
1 TL Gemüsebrühe, gekörnt
550 ml Wasser + mehr zum Kochen der Blätter
1 TL Salz
Pfeffer

Außerdem:
Schaumkelle

Nährwerte p. P.

687 kcal
49 g Kohlenhydrate
43 g Fett
27 g Eiweiß

1 Verlesen Sie die Mangoldblätter. Schneiden Sie die dicken Rippen aus der Mitte. Erhitzen Sie Wasser in einem Topf und bringen Sie es zum sanften Köcheln. Blanchieren Sie die Mangoldblätter kurz im Wasser und lassen Sie sie danach abtropfen.

2 Schneiden Sie den Speck in kleine Stücke. Schälen Sie die Zwiebel und würfeln Sie sie fein. Waschen Sie die Kräuter und trocknen Sie sie mit Küchenpapier. Hacken Sie die Kräuter fein. Stellen Sie je die Hälfte der Kräuter für später zur Seite. Schneiden Sie das Brot in Würfel.

3 Erhitzen Sie das Olivenöl in einer Pfanne. Braten Sie den Speck, die Zwiebeln und das Brot darin goldbraun an. Mischen Sie je die Hälfte der Kräuter dazu und lassen Sie die Füllung abkühlen.

4 Geben Sie das Mehl mit 1 TL Salz in eine Schüssel. Schlagen Sie die Eier dazu und gießen Sie die Milch und 50 ml Wasser dazu. Mischen Sie die Zutaten zu einem glatten Teig. Geben Sie die Füllung zum Teig und gießen Sie auch das Bratfett aus der Pfanne hinzu. Vermischen Sie alles gründlich.

5 Breiten Sie die Mangoldblätter auf der Arbeitsfläche aus. Verteilen Sie den Teig gleichmäßig auf den Blättern. Rollen Sie die Mangoldblätter auf, sodass sie die Füllung dicht umschließen.

6 Erhitzen Sie 500 ml Wasser und rühren Sie die gekörnte Brühe ein. Legen Sie die Mangoldrouladen in eine Pfanne. Gießen Sie die Brühe hinzu und legen Sie einen Deckel auf die Pfanne. Lassen Sie die Rouladen 15 bis 20 Minuten köcheln.

7 Reiben Sie den Käse. Schmelzen Sie die Butter und streuen Sie die Kräuter hinein. Heben Sie die Capuns aus der Brühe und legen Sie sie auf Teller. Servieren Sie die Capuns, mit der Kräuterbutter übergossen und mit dem Käse bestreut.

LOZÄRNER CHÜGELIPASTETE | LUZERNER PASTETE

4 Port.

15 Std.

Schwer

Zutaten

Für den Teig:
300 g Mehl + mehr zum Ausrollen
120 g Butter, kalt
1 Ei
100 ml Wasser, eiskalt
½ TL Salz

Für die Füllung:
200 g Kalbfleisch
200 g Kalbsbries
300 g Brät (Hackfleisch vom Kalb, Rind oder Schwein)
1 Ei
50 g Butter
4 - 5 EL Mehl
30 ml Sahne
1 Zitrone (Bioqualität)
200 g Champignons
50 g Rosinen
1 Zwiebel
300 ml Weißwein
500 ml Wasser
30 ml Cognac
1 Lorbeerblatt
2 Nelken
1 EL Rinderbrühe, gekörnt
Salz, Pfeffer

1 Geben Sie die Rosinen mit dem Cognac in eine Schüssel. Lassen Sie sie darin 12 Stunden ziehen.

2 Geben Sie das Mehl mit dem Salz in eine Schüssel. Schneiden Sie die Butter in Würfel, die Sie ebenfalls dazugeben. Beginnen Sie zu kneten und geben Sie währenddessen das eiskalte Wasser löffelweise hinzu. Wenn ein glatter Teig entstanden ist, wickeln Sie ihn in Frischhaltefolie und stellen ihn 30 Minuten kalt.

3 Geben Sie Wasser in eine Schüssel und legen Sie das Kalbsbries hinein. Stellen Sie es zur Seite. Heizen Sie den Backofen auf 180 °C Ober- und Unterhitze vor. Belegen Sie ein Backblech mit Backpapier. Schneiden Sie aus Backpapier nun weitere Rechtecke von ca. 10 x 10 cm. Zerknüllen Sie diese. Trennen Sie das Ei und verquirlen Sie das Eiweiß.

4 Bestreuen Sie die Arbeitsfläche mit etwas Mehl. Nehmen Sie ein Drittel vom Teig ab und formen Sie ihn zu einer Kugel. Rollen Sie den Teig zu einem Kreis von 0,5 cm Dicke und 22 cm Durchmesser aus. Dazu können Sie einen Teller mit diesem Durchmesser nehmen und ihn auf den Teig legen. Schneiden Sie dann mit einem scharfen Messer ringsherum. Legen Sie diesen Kreis auf das Backblech. Rollen Sie den restlichen Teig zu einem Kreis von 30 cm aus. Wenn Sie Teigreste haben, stechen Sie daraus Formen aus.

5 Bestreichen Sie die Ränder des kleineren Kreises mit Eiweiß. Legen Sie nun das zerknüllte Backpapier auf den kleineren Kreis, sodass es sich in der Mitte auftürmt. Lassen Sie außen 1 cm des Teigs frei.

Außerdem:
Backpapier, Ausstechformen, Frischhaltefolie, Schaumkelle

Nährwerte p. P.

984 kcal
49 g Kohlenhydrate
65 g Fett
41 g Eiweiß

6 Legen Sie den größeren Kreis vorsichtig auf das Backpapier, sodass sich die Ränder der beiden Kreise überlappen. Drücken Sie die Ränder fest zusammen. Dazu können Sie auch eine Gabel benutzen, um ein hübsches Muster zu erzielen. Bestreichen Sie die ausgestochenen Verzierungen von unten mit etwas Eiweiß und legen Sie sie auf den Teig. Drücken Sie sie sanft an und bepinseln Sie die gesamte Oberseite des Teigs mit Eigelb.

7 Stechen Sie ein Luftloch oben in die Mitte des Teigs. Backen Sie das Pastetenhaus nun ca. 40 Minuten im Ofen, bis es knusprig und goldbraun ist.

8 Bereiten Sie in der Zwischenzeit die Füllung zu. Schälen und würfeln Sie die Zwiebel. Putzen Sie die Pilze und vierteln Sie sie. Trennen Sie das Ei.

9 Waschen Sie die Zitrone heiß ab. Schneiden Sie eine dicke Scheibe aus der Mitte und verwenden Sie den Rest anderweitig. Bringen Sie das Wasser in einem Topf zum Kochen. Geben Sie die gekörnte Brühe, die Zitronenscheibe, das Lorbeerblatt und die Nelken hinzu. Gießen Sie das Einweichwasser vom Kalbsbries ab und entfernen Sie alle störenden Partien, Fettteile und Sehnen. Schneiden Sie das Bries in Stücke und kochen Sie es ca. 20 Minuten in der Flüssigkeit.

10 Geben Sie das Eiweiß mit dem Gehackten in eine Schüssel. Fügen Sie etwas Salz und Pfeffer hinzu und verkneten Sie die Mischung. Formen Sie kleine Kugeln aus dem Gehackten. Entnehmen Sie das gegarte Kalbsbries aus der Brühe. Geben Sie nun die Hackfleischkugeln in den Topf und lassen Sie sie bei mittlerer Hitze in dem heißen Wasser ca. 10 Minuten garziehen. Heben Sie die Bällchen mit einer Schaumkelle aus der Brühe. Messen Sie nun 300 ml der Flüssigkeit ab.

11 Brausen Sie das Kalbfleisch kalt ab und tupfen Sie es trocken. Schneiden Sie das Fleisch in mundgerechte Streifen. Erhitzen Sie die Butter in einer großen Pfanne. Braten Sie die Zwiebelwürfel darin kurz an. Geben Sie die Champignons und das Kalbfleisch hinzu und braten Sie es kurz mit. Bestreuen Sie das Fleisch nun mit Mehl und rühren Sie alles gut um. Gießen Sie unter Rühren zuerst den Weißwein, dann 300 ml der Kochbrühe in die Pfanne. Lassen Sie die Soße kurz aufkochen, sodass sie eindickt.

12 Schalten Sie die Hitze herunter. Geben Sie die eingelegten Rosinen und den Cognac in die Soße. Schmecken Sie mit Salz und Pfeffer ab. Rühren Sie die Sahne und das Eigelb in die Soße. Geben Sie die Hackfleischkugeln und das Kalbsbrät in die Soße und lassen Sie alles noch auf kleiner Hitze warm ziehen.

13 Nehmen Sie das Pastetenhaus aus dem Ofen. Lassen Sie es leicht abkühlen. Schneiden Sie vorsichtig die obere Spitze des Teigs von 6 cm Durchmesser ab. Legen Sie sie zur Seite. Entnehmen Sie vorsichtig das zerknüllte Backpapier.

14 Füllen Sie die Pastete mit der warmen Fleischfüllung. Setzen Sie den Deckel wieder darauf und servieren Sie die Chügelipastete sofort. Geben Sie die Füllung, die nicht mehr hineingepasst hat, an die Seite.

Tipp: Sie können die Pastete am Vortag backen, über Nacht kalt stellen und direkt vor dem Füllen nochmals bei 100 °C im Ofen aufwärmen. Die Pastete turmförmig zu backen und zu verzieren, erfordert viel Mühe.
Es gibt jedoch in der Schweiz auch Pastetenhäuser vorgefertigt aus Blätterteig zu kaufen, sodass Sie nur noch die Füllung zubereiten und einfüllen müssen.

ZÜRI GSCHNÄTZLETS |

ZÜRICHER KALBSGESCHNETZELTES

4 Port.

12 Std.
40 Min.

Mittel

Zutaten

400 g Kalbfleisch
200 g Niere (vom Kalb oder Rind)
1 Zwiebel
200 g Champignons
1 Zitrone
1 Bund Petersilie
100 ml Weißwein
300 ml Milch
200 ml Sahne
2 EL Butter
100 ml Rinderfond
30 ml Wasser
2 EL Speisestärke
2 EL Mehl
Salz, Pfeffer, weiß

Nährwerte p. P.

394 kcal
6 g Kohlenhydrate
26 g Fett
33 g Eiweiß

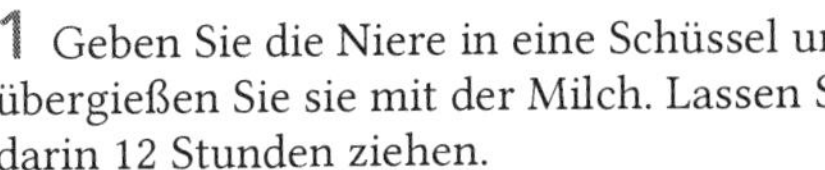

1 Geben Sie die Niere in eine Schüssel und übergießen Sie sie mit der Milch. Lassen Sie sie darin 12 Stunden ziehen.

2 Brausen Sie das Kalbfleisch kalt ab und tupfen Sie es trocken. Schneiden Sie das Fleisch in mundgerechte Streifen. Nehmen Sie die Niere aus der Milch und tupfen Sie sie ab. Entsorgen Sie die Milch. Schneiden Sie die Niere in mundgerechte Stücke. Bestreuen Sie beide Sorten Fleisch mit Salz, Pfeffer und dem Mehl. Schälen und würfeln Sie die Zwiebel. Putzen Sie die Pilze und vierteln Sie sie.

3 Erhitzen Sie die Butter in einer großen Pfanne. Braten Sie die beiden Sorten Fleisch darin portionsweise rundherum an. Nehmen Sie das Fleisch aus der Pfanne und legen Sie es zur Seite.

4 Braten Sie nun die Zwiebelwürfel in der verbliebenen Butter kurz an. Geben Sie die Champignons hinzu und braten Sie sie kurz mit.

5 Waschen Sie die Zitrone heiß ab. Halbieren Sie sie und pressen Sie den Saft einer Hälfte aus. Geben Sie 1 EL Saft in die Pfanne. Löschen Sie dann mit dem Weißwein ab. Gießen Sie den Rinderfond und die Sahne hinzu und lassen Sie alles kurz köcheln.

6 Geben Sie die Speisestärke in ein Glas und gießen Sie 30 ml Wasser hinzu. Rühren Sie die Mischung, bis sich die Stärke aufgelöst hat. Geben Sie die Mischung unter Rühren in die Soße. Geben Sie das Fleisch in die angedickte Soße und schmecken Sie mit etwas mehr Zitronensaft sowie Salz und Pfeffer ab.

7 Waschen Sie die Petersilie, trocknen Sie sie und hacken Sie sie fein. Servieren Sie das Züricher Geschnetzelte großzügig mit Petersilie bestreut.

Tipp: Servieren Sie dazu Kartoffeln, Reis oder – traditionell schweizerisch – Rösti.

ZÜRI GHACKETS |

GEHACKTES ZÜRICHER ART

4 Port.

40 Min.

Leicht

Zutaten

400 g Hackfleisch (traditionell vom Kalb oder Rind, jedoch schmeckt auch Schweine- oder Putengehacktes mit der Soße gut)
1 Zwiebel
200 g Champignons
1 Zitrone
1 Bund Petersilie
100 ml Weißwein
300 ml Milch
200 ml Sahne
2 EL Butter
100 ml Rinderfond
1 EL Senf
30 ml Wasser
2 EL Speisestärke
Salz, Pfeffer, weiß

Nährwerte p. P.

401 kcal
5 g Kohlenhydrate
29 g Fett
30 g Eiweiß

1 Schälen und würfeln Sie die Zwiebel. Putzen Sie die Pilze und vierteln Sie sie. Waschen Sie die Zitrone heiß ab. Halbieren Sie sie und pressen Sie den Saft einer Hälfte aus.

2 Erhitzen Sie die Butter in einer großen Pfanne. Braten Sie die Zwiebel darin kurz an. Geben Sie das Hackfleisch hinzu und braten Sie es krümelig an. Geben Sie die Champignons hinzu und braten Sie sie kurz mit. Geben Sie währenddessen den Senf und nach Geschmack Salz und Pfeffer hinzu.

3 Geben Sie 1 EL Zitronensaft in die Pfanne. Löschen Sie dann mit dem Weißwein und der Milch ab. Gießen Sie den Rinderfond und die Sahne hinzu und lassen Sie alles kurz köcheln.

4 Geben Sie die Speisestärke in ein Glas und gießen Sie 30 ml Wasser hinzu. Rühren Sie die Mischung, bis sich die Stärke aufgelöst hat. Geben Sie die Mischung unter Rühren in die Soße. Schmecken Sie mit etwas mehr Zitronensaft sowie Salz und Pfeffer ab.

5 Waschen Sie die Petersilie, trocknen Sie sie und hacken Sie sie fein. Servieren Sie das Züricher Gehackte großzügig mit Petersilie bestreut.

Tipp: Das Züricher Gehackte ist auch eine tolle Basis für einen Auflauf. Schichten Sie es mit Kartoffelscheiben und backen Sie es mit Käse bestreut 30 Minuten im Ofen.

AARGAUER PFLÜMLIBRATEN |

HACKBRATEN MIT PFLAUMEN

4 Port.

1 Std.

Mittel

Zutaten

800 g Hackfleisch, gemischt
200 g Frühstücksspeck
1 Zwiebel
5 Zweige Rosmarin
200 g Trockenpflaumen
2 Scheiben altbackenes Brot
1 Ei
30 ml Milch
200 ml Rinderfond
250 ml Rotwein
1 EL Speisestärke
3 EL Wasser
1 EL Butter
1 TL Senf
1 EL Honig (am besten regional)
1 ½ TL Salz
Je 1 Prise Zimt und Muskat, Pfeffer

Außerdem:
Backpapier

Nährwerte p. P.

777 kcal
48 g Kohlenhydrate
46 g Fett
49 g Eiweiß

1 Heizen Sie den Backofen auf 200 °C Ober- und Unterhitze vor. Schälen Sie die Zwiebel und würfeln Sie sie fein. Waschen Sie den Rosmarin. Nehmen Sie einen Zweig ab und hacken Sie den Rest fein.

2 Schneiden Sie das Brot in kleine Würfel und geben Sie es in eine Schüssel. Geben Sie die Milch, den Senf, den gehackten Rosmarin, das Salz und etwas Pfeffer hinzu. Schlagen Sie das Ei in die Schüssel. Fügen Sie das Hackfleisch und die Zwiebeln hinzu und kneten Sie alles gründlich durch.

3 Nehmen Sie die Pflaumen aus der Packung. Legen Sie 3 Pflaumen zur Seite. Formen Sie einen Fladen aus dem Hackfleisch und legen Sie die übrigen Pflaumen hinein. Formen Sie einen länglichen Braten aus dem Fleisch, sodass es die Pflaumen umschließt.

4 Belegen Sie ein Backblech mit Backpapier. Nehmen Sie den Speck aus der Packung. Legen Sie die Speckscheiben um den Hackbraten, sodass auf der Oberseite eine kleine Lücke bleibt, der Rest vom Speck bedeckt ist. Drücken Sie die zur Seite gelegten Pflaumen dekorativ in den Spalt hinein.

5 Backen Sie den Hackbraten ca. 40 Minuten, bis er goldbraun ist.

6 Bereiten Sie zum Ende der Backzeit die Soße zu. Legen Sie dazu den Rosmarinzweig in eine Pfanne. Geben Sie die Butter hinzu und erhitzen Sie sie. Lassen Sie die Butter mit dem Rosmarin kurz auf kleiner

Hitze ziehen. Löschen Sie mit dem Wein ab. Gießen Sie dann den Rinderfond hinzu. Rühren Sie den Honig und die Gewürze ein. Schmecken Sie mit Salz und Pfeffer ab.

7 Geben Sie die Speisestärke in ein Glas und gießen Sie das Wasser hinzu. Rühren Sie die Mischung, bis sich die Stärke aufgelöst hat. Geben Sie die Mischung unter Rühren in die Soße.

8 Holen Sie den Braten aus dem Ofen und schneiden Sie ihn in Scheiben. Servieren Sie den Braten mit der Soße.

Tipp: Dem klassischen Braten mit Pflaumen können Sie zusätzlich noch einen exotischen Touch verleihen, indem Sie die Pflaumen durch Datteln ersetzen und das Fleisch mit Kreuzkümmel, Kurkuma und Nüssen würzen.

SAUCISSON VAUDOIS |

WAADTLÄNDER WURST AUF LINSEN

2 Port.

50 Min.

Leicht

Zutaten

600 g Saucissons Vaudois (2 Stück à 300 g)
1 Zwiebel
2 Karotten, groß
250 g Linsen (Berglinsen oder Tellerlinsen)
100 ml Weißwein
500 ml Wasser
1 EL neutrales Pflanzenöl
Salz, Pfeffer

Nährwerte p. P.

781 kcal
38 g Kohlenhydrate
53 g Fett
6 g Eiweiß

1 Schälen Sie die Zwiebel und würfeln Sie sie. Waschen Sie die Karotten und schneiden Sie sie ebenfalls in kleine Würfel.

2 Erhitzen Sie das Öl in einem Topf. Geben Sie die Karotten und die Zwiebeln hinzu und dünsten Sie sie kurz an. Streuen Sie die Linsen in den Topf und braten Sie sie kurz mit.

3 Gießen Sie das Wasser in den Topf. Legen Sie die Würste auf die Linsen. Kochen Sie die Linsen mit aufgelegtem Deckel bei kleiner Flamme für 30 Minuten.

4 Gießen Sie nun den Weißwein in die Linsen und lassen Sie alles nochmals 10 Minuten köcheln.

5 Stechen Sie die Würste mit einem scharfen Messer an, sodass der Fleischsaft in die Linsen läuft. Schmecken Sie die Linsen mit Salz und Pfeffer ab.

6 Servieren Sie die Linsen mit einigen Scheiben Wurst obenauf.

Tipp: Die Saucissons Vaudois sind eine Spezialität aus der Genfer Region. Sie können sie zur Not mit dicker Mettwurst ersetzen.

BERNER KARTOFFELAUFLAUF

4 Port.

1 Std.
15 Min.

Leicht

Zutaten

1 Zwiebel
300 g Käse (z. B. Gruyère)
1 kg Kartoffeln
150 g Schinkenwürfel
3 Eier
300 ml Milch
1 Prise Muskat
1 TL Salz
Pfeffer

Außerdem:
Reibe

Nährwerte p. P.

552 kcal
50 g Kohlenhydrate
20 g Fett
40 g Eiweiß

1 Waschen Sie die Kartoffeln und schälen Sie sie. Schälen Sie auch die Zwiebel und schneiden Sie sie in kleine Würfel. Reiben Sie die Kartoffeln und vermengen Sie sie mit den Zwiebeln sowie dem Schinken. Geben Sie die Mischung in eine Auflaufform.

2 Schlagen Sie die Eier in eine Schüssel. Verquirlen Sie sie mit der Milch und einer Prise Muskat und Salz und Pfeffer nach Geschmack. Gießen Sie die Eiermilch über die Kartoffeln.

3 Reiben Sie den Käse und bestreuen Sie die Kartoffeln damit. Backen Sie den Auflauf für ca. 1 Stunde im Ofen, bis die Kartoffeln gar sind und der Käse knusprig ist.

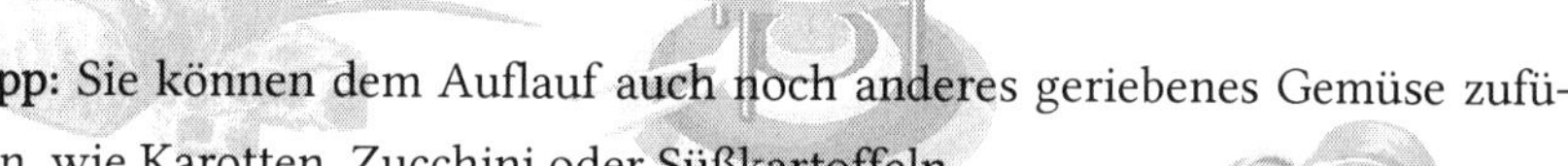

Tipp: Sie können dem Auflauf auch noch anderes geriebenes Gemüse zufügen, wie Karotten, Zucchini oder Süßkartoffeln.

RIZ CASIMIR

4 Port.

30 Min.

Leicht

Zutaten

300 g Reis
500 g Hähnchenbrust
2 Knoblauchzehen
1 Zwiebel
600 ml Milch
2 EL Kokosöl
1 Dose Ananas + 60 ml Saft aus der Dose
1 Dose Pfirsiche
3 EL Sojasauce
3 EL Mehl
2 EL Currypulver
Salz, Pfeffer

Außerdem:
Schneebesen

Nährwerte p. P.

510 kcal
55 g Kohlenhydrate
15 g Fett
37 g Eiweiß

1 Kochen Sie den Reis nach Packungsanweisung.

2 Brausen Sie das Fleisch ab und tupfen Sie es trocken. Schneiden Sie das Filet in mundgerechte Streifen. Schälen Sie die Zwiebel und den Knoblauch und würfeln Sie beides fein.

3 Erhitzen Sie das Kokosöl und braten Sie das Hähnchenfleisch rundum kräftig an. Entnehmen Sie das Fleisch aus der Pfanne.

4 Geben Sie dann die Zwiebeln und den Knoblauch in die Pfanne und schwitzen Sie sie kurz an. Streuen Sie dann das Currypulver, Salz und Pfeffer hinzu und braten Sie die Gewürze mit, bis sie intensiv duften. Geben Sie das Mehl in die Pfanne und braten Sie es kurz mit.

5 Löschen Sie zuerst mit der Sojasauce ab und gießen Sie dann den Ananassaft und die Milch hinzu. Rühren Sie dabei ständig mit dem Schneebesen und köcheln Sie die Soße unter Rühren, bis sie eindickt.

6 Geben Sie das Hähnchen und eventuell ausgetretenen Fleischsaft zurück in die Soße. Schneiden Sie einige Ananas und Pfirsiche in mundgerechte Stücke. Servieren Sie den Reis mit dem geschnittenen Obst und der Soße obendrauf.

LAMMHÜFTLI MIT SAUCE TATAR

4 Port. | 2,5 Std. + mehr Zeit zum Marinieren | Mittel

Zutaten

Für die Marinade:
2 Knoblauchzehen
½ Bund Petersilie
1 EL Oregano, getrocknet
1 EL Thymian, gerebelt
2 EL Apfelessig
1 EL Senf
1 TL Pfeffer

1 kg Lammfleisch aus der Hüfte
1 kg grobes Meersalz

Für die Sauce Tatar:
1 Zwiebel
½ Bund Petersilie
1 Bund Schnittlauch
1 Ei
100 ml neutrales Pflanzenöl
2 große Gewürzgurken + 2 EL Essigwasser
1 EL Kapern
1 EL Mehl
2 EL Senf
1 TL Gemüsebrühe, gekörnt
250 ml Wasser
1 EL Zucker

1 Waschen Sie die Petersilie und tupfen Sie sie trocken. Hacken Sie sie fein und geben Sie sie in eine Schale. Geben Sie den Pfeffer, den Oregano, den Thymian, den Senf und den Apfelessig hinzu. Schälen Sie den Knoblauch und pressen Sie ihn dazu. Vermengen Sie alles und reiben Sie das Lammfleisch damit ein. Lassen Sie das Fleisch mindestens eine, gerne aber bis zu 12 Stunden über Nacht marinieren.

2 Bereiten Sie die Sauce Tatar vor. Waschen Sie den Schnittlauch und die Petersilie und schütteln Sie sie trocken. Hacken Sie die Kräuter fein. Schälen Sie die Zwiebel und hacken Sie sie ebenfalls fein. Würfeln Sie die Essiggurken und trennen Sie das Ei. Geben Sie das Eigelb mit dem Senf, dem Essigwasser, der Gurken und dem Zucker in ein hohes, schmales Gefäß. Pürieren Sie die Mischung mit dem Stabmixer und geben Sie dabei tröpfchenweise das Öl hinzu. Pürieren Sie, bis das Öl eingearbeitet ist und sich eine dickflüssige Soße gebildet hat.

3 Geben Sie die gekörnte Brühe mit dem Mehl und dem Wasser in einen Topf. Lassen Sie die Mischung aufköcheln und danach kurz abkühlen. Rühren Sie die Flüssigkeit in die Soße. Geben Sie die gehackten Kräuter, die Kapern, die Zwiebeln und Gurken hinzu und schmecken Sie mit Pfeffer und Salz ab. Stellen Sie die Sauce Tatar für mindestens 1 Stunde in den Kühlschrank.

Salz, Pfeffer

Außerdem:
Knoblauchpresse, Bräter

Nährwerte p. P.

550 kcal
10 g Kohlenhydrate
33 g Fett
52 g Eiweiß

4 Heizen Sie den Backofen auf 220 °C Ober- und Unterhitze vor. Streuen Sie Salz in den Bräter, sodass es den Boden ca. 1 cm dick bedeckt. Legen Sie das Lammfleisch auf das Salz und bedecken Sie es mit dem restlichen Salz.

5 Backen Sie das Fleisch ca. 15 Minuten. Schalten Sie die Hitze dann auf 80 °C herunter und lassen Sie das Lamm ca. 45 Minuten garen.

6 Servieren Sie das Fleisch in Scheiben geschnitten mit der Sauce Tatar.

Tipp: Zu diesem Gericht passt ein frischer Salat oder gedünsteter Brokkoli besonders gut.

ZICKLEIN IN KRÄUTERWEINSOẞE

 4 Port.  2,5 Std.  Mittel

Zutaten

1 Gitzischlegel (Ziegenkeule, ca. 1 kg – lassen Sie den Knochen vom Metzger her-auslösen)
4 TL frische, gehackte und getrocknete Kräuter (siehe Tipps)
100 ml Weißwein
1 Knoblauchzehe
4 Karotten
5 Schalotten
1 EL Butter, weich
3 EL Schmalz zum Braten

Für die Weinsoße:
30 g Butter
200 ml Rinderfond
300 ml Weißwein
1 TL Worcestershiresauce
1 TL Senf
1 TL Majoran, getrocknet
1 TL Rosmarin, gerebelt
1 TL Estragon, getrocknet
1 EL Speisestärke
3 EL Wasser
Salz, Pfeffer

1 Waschen Sie die Karotten und schneiden Sie sie in mundgerechte Stücke. Schälen Sie die Schalotten.

2 Schälen Sie den Knoblauch und pressen Sie ihn. Geben Sie den Knoblauch mit den Kräutern, reichlich Salz und Pfeffer zur Butter. Vermischen Sie alles und reiben Sie das Fleisch damit rundherum ein.

3 Heizen Sie den Backofen auf 180 °C Ober- und Unterhitze vor. Erhitzen Sie das Schmalz im Bräter. Braten Sie die Ziegenkeule rundum an.

4 Nehmen Sie den Bräter vom Herd. Geben Sie die Karotten und die Schalotten um das Fleisch herum. Gießen Sie den Weißwein über das Fleisch und setzen Sie den Deckel auf. Backen Sie die Ziegenkeule 2 Stunden durch. Wenden Sie die Keule nach einer Stunde.

5 Nehmen Sie den Bräter aus dem Ofen. Nehmen Sie das Fleisch heraus. Nehmen Sie auch die Schalotten und gegebenenfalls die Karotten heraus, falls diese noch nicht zerfallen sind. Stellen Sie Fleisch und Gemüse im ausgeschalteten Ofen warm.

6 Erhitzen Sie Butter in einer Pfanne. Geben Sie den Majoran, den Rosmarin und den Estragon hinzu und braten Sie die Kräuter kurz an. Geben Sie den Senf und die Worcestershiresauce hinzu. Löschen Sie mit dem Weißwein ab und gießen Sie den Rinderfond hinzu. Gießen Sie die Flüssigkeit aus dem Bräter durch ein Sieb zur Soße.

Außerdem:
Bräter mit Deckel

Nährwerte p. P.

595 kcal
14 g Kohlenhydrate
28 g Fett
52 g Eiweiß

7 Geben Sie die Speisestärke in ein Glas und gießen Sie das Wasser hinzu. Rühren Sie die Mischung, bis sich die Stärke aufgelöst hat. Geben Sie die Mischung unter Rühren in die Soße. Schmecken Sie die Soße mit Salz und Pfeffer ab und servieren Sie sie mit dicken Scheiben Ziegenbraten.

Tipp: Je mehr frische Kräuter, desto besser wird der Geschmack. Sammeln Sie Frauenmantel, Brennnessel, Bärlauch, Hirtentäscherl, Kerbel und Minze am besten im Garten. Geben Sie dazu noch getrockneten Rosmarin, Estragon, Majoran und Thymian.

Zu dem Gericht passt Kartoffelpüree besonders gut.

JACQUERIE NEUCHÂTELOISE |

NEUENBURGER EINTOPF

4 Port.

1 Std. 20 Min.

Mittel

Zutaten

Für das Sauerkraut:
400 g Sauerkraut
1 Zwiebel
2 Kartoffeln
75 g Speckwürfel
150 ml Weißwein aus Neuenburg
150 ml Wasser
Pfeffer, Salz

Für das Poulet:
2 Hühnerbrustfilets
1 Knoblauchzehe
1 Schalotte
2 - 3 Sardellenfilets, eingelegt, aus der Dose
1 Ei
50 ml Schlagsahne
2 EL Butter
1 TL Worcestershiresauce
250 ml Weißwein aus Neuenburg
1 TL Hühnerbrühe, gekörnt
Pfeffer, Salz

Außerdem:
Reibe, Schaumkelle

1 Bereiten Sie zuerst das Poulet zu. Schälen Sie dazu die Zwiebel und schneiden Sie sie in Scheiben. Geben Sie die Zwiebel und die gekörnte Brühe mit dem Weißwein und 150 ml Wasser in einen Topf und kochen Sie es auf. Waschen Sie in der Zwischenzeit das Hähnchenfilet und tupfen Sie es trocken. Schneiden Sie das Fleisch in Würfel.

2 Reduzieren Sie die Hitze, sodass die Flüssigkeit nur sanft köchelt. Geben Sie das Fleisch hinein und lassen Sie es ca. 5 Minuten im Wasser garen. Heben Sie es dann mit einer Schaumkelle heraus. Schalten Sie die Hitze wieder hoch und lassen Sie die Flüssigkeit ca. 1 Stunde kochen, bis sie sich auf 100 ml reduziert hat.

3 Schälen Sie in der Zwischenzeit die Zwiebel für das Sauerkraut und würfeln Sie sie fein.

4 Geben Sie den Speck in einen Topf und braten Sie ihn, bis das Fett austritt. Geben Sie die Zwiebel hinzu und schwitzen Sie sie an. Fügen Sie das Sauerkraut hinzu und löschen Sie mit dem Wein und dem Wasser ab. Setzen Sie einen Deckel auf den Topf und lassen Sie es ca. 45 Minuten bei kleiner Hitze köcheln.

5 Schälen Sie nach 30 Minuten die Kartoffeln und reiben Sie sie. Geben Sie sie zum Sauerkraut und mischen Sie sie unter. Lassen Sie die Kartoffeln noch 15 Minuten mitgaren. Schmecken Sie mit Salz und Pfeffer ab.

Nährwerte p. P.

316 kcal
7 g Kohlenhydrate
14 g Fett
26 g Eiweiß

6 Schälen Sie den Knoblauch und die Schalotte, hacken Sie beides fein. Erhitzen Sie die Butter in einer Pfanne und dünsten Sie die Schalotte und den Knoblauch darin kurz an. Geben Sie die Sardellen hinzu und zerkleinern Sie sie. Löschen Sie mit dem eingekochten Sud ab.

7 Trennen Sie das Ei. Verwenden Sie das Eigelb anderweitig. Geben Sie die Worcestershiresauce und die Sahne in die Pfanne und schmecken Sie mit Salz und Pfeffer ab. Geben Sie die Hähnchenwürfel in die Soße und köcheln Sie sie mit, bis sie heiß sind.

8 Schalten Sie die Hitze herunter und geben Sie das Eigelb in die Soße. Rühren Sie um, bis die Soße eingedickt ist.

9 Servieren Sie das Sauerkraut auf Tellern. Gießen Sie etwas Soße über jede Portion und legen Sie etwas Fleisch obenauf.

Hauptgerichte Fisch

EGLIFILET IM TEIG |

GEBACKENER FLUSSBARSCH

4 Port. 1,5 Std. Mittel

Zutaten

12 Eglifilets (à 40 g, küchenfertig)
2 Eier
200 g Mehl
200 ml Bier
1 EL Butter, weich
1 Zitrone (Bioqualität)
1 TL Salz + mehr nach Geschmack
1 ½ Liter Pflanzenöl zum Frittieren
Pfeffer, Paprikapulver

Außerdem:
Mixer

Nährwerte p. P.

305 kcal
36 g Kohlenhydrate
16 g Fett
70 g Eiweiß

1 Waschen Sie die Zitrone heiß ab. Reiben Sie etwas von der Schale ab und geben Sie sie in eine Schüssel. Vierteln Sie die Zitrone und stellen Sie sie zur Seite. Trennen Sie die Eier und geben Sie das Eigelb zu der Zitronenzeste in die Schüssel.

2 Verrühren Sie das Bier mit dem Eigelb. Mischen Sie die Butter und das Mehl und 1 TL Salz dazu und rühren Sie die Mischung glatt. Lassen Sie den Teig 1 Stunde durchziehen.

3 Schlagen Sie das Eiweiß auf und ziehen Sie es mit einer Gabel unter den Teig. Brausen Sie den Fisch ab und tupfen Sie ihn mit Küchenpapier trocken. Wenden Sie die Filets im Teig.

4 Erhitzen Sie das Öl auf 180 °C und geben Sie die Fischfilets nacheinander ins heiße Öl. Backen Sie sie einige Minuten goldbraun aus.

5 Lassen Sie die Fischfilets auf Küchenpapier abtropfen. Bestreuen Sie die Eglifilets nach Geschmack mit Salz, Pfeffer und Paprikapulver. Servieren Sie die Fischfilets mit den Zitronenspalten.

ALPENZANDER MIT HAFERFLOCKENKRUSTE UND ERBSENPÜREE

4 Port.

45 Min.

Mittel

Zutaten

Für den Fisch:
4 Alpenzander-Filets (à 150 g)
50 g Haferflocken
1 EL Honig
2 Frühlingszwiebeln
1 TL Olivenöl
Salz, Pfeffer

Für das Erbsenpüree:
500 g grüne Erbsen, tiefgekühlt
1 Knoblauchzehe
2 EL Butter
750 ml Wasser
30 ml Sahne
Salz, Pfeffer, Muskatnuss, gerieben

Außerdem:
Backpapier, Stabmixer, Knoblauchpresse

Nährwerte p. P.

374 kcal
26 g Kohlenhydrate
9 g Fett
43 g Eiweiß

1 Heizen Sie den Backofen auf 160 °C vor. Mischen Sie die Haferflocken mit dem Honig und einer kleinen Prise Salz. Belegen Sie ein Backblech mit Backpapier. Verteilen Sie die Haferflocken auf dem Backblech und backen Sie sie 15 bis 20 Minuten goldbraun.

2 Bringen Sie einen Topf mit Wasser zum Kochen. Blanchieren Sie die Erbsen einige Minuten im kochenden Wasser und gießen Sie sie dann ab.

3 Geben Sie die Erbsen zurück in den Topf. Fügen Sie die Butter, Salz, Pfeffer, Muskat und die Knoblauchzehe hinzu. Pürieren Sie die Sahne hinzu. Schmecken Sie das Püree ab und stellen Sie es warm.

4 Brausen Sie den Alpenzander kalt ab und tupfen Sie ihn trocken. Erhitzen Sie das Öl in einer Pfanne. Legen Sie die Fischfilets mit der Hautseite nach unten in das Öl und braten Sie sie knusprig an. Würzen Sie den Fisch mit Salz und Pfeffer und wenden Sie ihn. Schalten Sie die Hitze aus und lassen Sie den Fisch in der Pfanne garziehen.

5 Brausen Sie die Frühlingszwiebeln ab und tupfen Sie sie mit Küchenpapier trocken. Schneiden Sie sie in feine Ringe.

6 Geben Sie einen Klecks Erbsenpüree auf jeden Teller. Legen Sie je ein Stück Alpenzander darauf. Bestreuen Sie den Fisch mit den knusprigen Haferflocken und den geschnittenen Frühlingszwiebeln.

RANDENMOUSSE MIT RÄUCHERFISCH |

ROTE-BETE-MOUSSE MIT GERÄUCHERTER FORELLE

4 Port.

1 Std. 20 Min.

Schwer

Zutaten

450 g Rote Bete
1 Stück Ingwer
¼ Bund Dill
200 g Forellenfilets, geräuchert
3 Blatt Gelatine
Wasser zum Einweichen der Gelatine
150 g Frischkäse
100 g Crème fraîche
150 ml Sahne
1 EL Olivenöl
Salz, Pfeffer

Außerdem:
4 Gläser zum Servieren

Nährwerte p. P.

450 kcal
13 g Kohlenhydrate
34 g Fett
18 g Eiweiß

1 Geben Sie die Rote Bete mit Wasser in einen Topf. Kochen Sie die Knollen ca. 30 Minuten gar. Lassen Sie die Knollen dann abkühlen und schälen Sie sie.

2 Weichen Sie die Gelatine nach Packungsanweisung in kaltem Wasser ein. Würfeln Sie ein Viertel der Roten Bete in gleichmäßige, kleine Würfel. Geben Sie das Öl sowie etwas Salz und Pfeffer zu den Würfeln und stellen Sie sie zur Seite. Schneiden Sie die restliche Rote Bete in Stücke und geben Sie sie in eine Schüssel.

3 Schälen Sie das Stück Ingwer und hacken Sie es grob. Geben Sie den Ingwer mit dem Frischkäse in die Schüssel. Pürieren Sie das Gemüse mit dem Frischkäse fein.

4 Schlagen Sie die Sahne steif. Schmelzen Sie die Gelatine bei geringer Hitze. Geben Sie eine kleine Menge vom pürierten Gemüse dazu. Rühren Sie die Gelatine-Mischung in den Rest des pürierten Gemüses. Heben Sie die Sahne unter und schmecken Sie mit Salz und Pfeffer ab. Füllen Sie die Randenmousse in die Gläser und stellen Sie sie ca. 2 Stunden kalt.

5 Waschen Sie den Dill und tupfen Sie ihn trocken. Legen Sie 4 dekorative Stängel zur Seite. Hacken Sie den restlichen Dill und mischen Sie ihn mit der Crème fraîche. Schmecken Sie mit etwas Salz und Pfeffer ab.

6 Schneiden Sie die geräucherten Forellenfilets in Stücke und mischen Sie sie mit den Randenwürfelchen. Geben Sie die Mischung auf die Randenmousse. Geben Sie die Dillcreme obenauf und dekorieren Sie mit den Dillstängeln.

Tipp: Dieses Gericht können Sie wunderbar als Vorspeise servieren, aber mit frischem Baguette ist die Randenmousse auch als leichter Lunch beeindruckend.

RÄUCHERFISCH-RACLETTE

6 Port.

30 Min.

Leicht

Zutaten

2 Fenchelknollen
½ Brokkoli
8 Tomaten, mittelgroß
6 geräucherte Forellenfilets
800 g Raclettekäse
1 Glas sauer eingelegtes Gemüse (Silberzwiebeln, Mini-Maiskolben, Gurken usw.)
1 Liter Wasser
1 TL Gemüsebrühe, gekörnt
Salz, Pfeffer

Außerdem:
Alufolie oder kleine Auflaufformen

Nährwerte p. P.

682 kcal
8 g Kohlenhydrate
48 g Fett
53 g Eiweiß

1 Erhitzen Sie 500 ml Wasser. Gießen Sie das kochende Wasser über die Tomaten. Lassen Sie die Tomaten dann kurz abkühlen und ziehen Sie dann die Haut mit einem scharfen Messer ab. Entfernen Sie den Strunk und die Kerne aus den Tomaten und schneiden Sie sie in Scheiben.

2 Waschen Sie den Brokkoli und die Fenchelknollen. Schneiden Sie den Fenchel in Scheiben. Brechen Sie die Röschen vom Brokkoli ab und schneiden Sie den Strunk in mundgerechte Stücke. Erhitzen Sie 500 ml Wasser und geben Sie die Gemüsebrühe hinein. Kochen Sie den Fenchel und den Brokkoli kurz bissfest.

3 Heizen Sie den Backofen auf 160 °C Ober- und Unterhitze vor. Gießen Sie das Gemüse ab. Die Kochbrühe können Sie wunderbar für Suppen weiterverwenden. Nehmen Sie das sauer eingelegte Gemüse aus dem Glas.

4 Legen Sie Alufoliestücke oder kleine Auflaufformen bereit. Nehmen Sie den Fisch aus der Packung und zerkleinern Sie ihn grob mit einer Gabel in mundgerechte Stücke.

5 Verteilen Sie das saure und das gekochte Gemüse auf die Portionen. Streuen Sie etwas Salz und Pfeffer darüber. Geben Sie den Fisch dazu und mischen Sie alles gleichmäßig. Verschließen Sie die Alufolie bzw. setzen Sie die Deckel auf die Auflaufformen. Backen Sie die Päckchen für 10 Minuten im Ofen.

6 Belegen Sie die Zutaten nun gleichmäßig mit Raclettekäse und backen Sie sie nochmals 10 Minuten, bis der Käse goldbraun ist.

Tipp: Servieren Sie dazu frisches Baguette. Sie können stattdessen natürlich auch noch Kartoffeln hinzufügen und die Zutaten in einer großen Auflaufform gratinieren.

RÖTELFILETS MIT ROSENKOHLPÜREE

4 Port. 25 Min. Leicht

Zutaten

800 g Rötelfilets, frisch und küchenfertig
1 Zitrone (Bioqualität)
1 EL Olivenöl
½ TL Chili, gemahlen
Salz, Pfeffer

Für das Rosenkohlpüree:
500 g Rosenkohl
50 ml Sahne
Salz, Pfeffer

Außerdem:
Reibe

Nährwerte p. P.

308 kcal
5 g Kohlenhydrate
10 g Fett
48 g Eiweiß

1 Waschen Sie die Zitrone heiß ab und trocknen Sie sie. Putzen Sie den Rosenkohl und halbieren Sie die Röschen. Bringen Sie Wasser in einem Topf zum Kochen und geben Sie den Rosenkohl hinein. Kochen Sie das Gemüse weich.

2 Brausen Sie die Fischfilets ab und tupfen Sie sie trocken. Erhitzen Sie das Öl in einer Pfanne und geben Sie die Fischstücke hinein. Braten Sie sie kurz von beiden Seiten. Stellen Sie die Hitze ab und bestreuen Sie die Rötelfilets mit gemahlener Chili, Salz und Pfeffer.

3 Pürieren Sie den Rosenkohl ganz fein mit dem Stabmixer. Geben Sie währenddessen die Sahne sowie Salz und Pfeffer nach Geschmack hinzu.

4 Servieren Sie einen großen Klecks Rosenkohlpüree mit dem Fischfilet obenauf. Bestreuen Sie alles mit frisch geriebener Zitronenschale.

Tipp: Der Zuger Rötel ist eine besondere Schweizer Spezialität. Er kommt nur im Zuger und im Ägerisee vor. Falls Sie keinen Zuger Rötel bekommen, können Sie auch eine andere Sorte Seesaibling verwenden.

FORELLE MIT SELLERIEPÜREE

2 Port.

25 Min.

Leicht

Zutaten

1 Sellerieknolle
2 Kartoffeln
2 Forellen, ganz
2 Knoblauchzehen
Je 2 Zweige Rosmarin und Thymian
Je 1 Prise Chili und Muskat gemahlen
1 Zitrone
1 EL Olivenöl
2 EL Butter
Salz, Pfeffer

Außerdem:
Kartoffelstampfer

Nährwerte p. P.

469 kcal
21 g Kohlenhydrate
24 g Fett
39 g Eiweiß

1 Schälen Sie den Sellerie und die Kartoffeln und schneiden Sie beides in Würfel. Bringen Sie Wasser mit etwas Salz zum Kochen und geben Sie das Gemüse hinein. Kochen Sie es ca. 20 Minuten, bis die Kartoffeln weich sind.

2 Waschen Sie in der Zwischenzeit die Forellen ab und tupfen Sie sie mit Küchenpapier trocken. Brausen Sie die Zitrone heiß ab und schälen Sie den Knoblauch. Vierteln Sie die Zitrone und legen Sie zwei Viertel beiseite. Schneiden Sie den Rest in Scheiben. Schneiden Sie auch die Knoblauchzehen in Scheiben.

3 Bepinseln Sie die Forellen außen und innen mit dem Öl. Reiben Sie die Fische innen und außen mit Salz und Pfeffer ein und füllen Sie die Zitronenscheiben, den Knoblauch sowie je einen Zweig Thymian und Rosmarin in jeden Fisch.

4 Legen Sie die Fische in den Korb der Heißluftfritteuse und backen Sie sie bei 180 °C für 8 bis 12 Minuten, bis sie goldbraun sind.

5 Gießen Sie in der Zwischenzeit die Kartoffeln und den Sellerie ab. Heben Sie dabei 50 ml des Kochwassers auf. Geben Sie die Butter zum Gemüse und zerstampfen Sie es zu einem Püree. Schmecken Sie mit Salz und Pfeffer ab und fügen Sie Chili und Muskat nach Geschmack hinzu.

6 Servieren Sie die Forelle mit einem guten Löffel Püree und einer Zitronenspalte.

FELCHENFILET MIT SCHNITTLAUCHBUTTER AUF SPARGEL

4 Port.

30 Min.

Leicht

Zutaten

400 g Spargel, grün
12 Felchenfilets (à 50 g)
1 EL Olivenöl
1 Zitrone (Bioqualität)
2 - 4 EL Mehl
Salz, Pfeffer

Für die Schnittlauchbutter:
200 g Butter, weich
1 Bund Schnittlauch
1 TL Senf
½ TL Worcestershiresauce
Salz, Pfeffer

Außerdem:
Backpapier

Nährwerte p. P.

603 kcal
10 g Kohlenhydrate
47 g Fett
35 g Eiweiß

1 Heizen Sie den Backofen auf 180 °C Ober- und Unterhitze vor. Putzen Sie den Spargel und schneiden Sie die Enden ab. Beträufeln Sie die Stangen mit 1 EL Öl und bestreuen Sie sie mit Salz und Pfeffer. Belegen Sie ein Backblech mit Backpapier und legen Sie den Spargel darauf. Backen Sie die Stangen für ca. 20 Minuten, bis sie weich und leicht gebräunt sind.

2 Waschen Sie die Zitrone währenddessen heiß ab und reiben Sie etwas von der Schale ab. Halbieren Sie die Frucht und pressen Sie den Saft aus.

3 Geben Sie die Butter in eine Schüssel. Waschen Sie den Schnittlauch und tupfen Sie ihn trocken. Schneiden Sie den Schnittlauch in feine Röllchen und geben Sie sie zur Butter. Geben Sie die Zitronenzeste, den Senf und die Worcestershiresauce dazu und würzen Sie nach Geschmack mit Salz und Pfeffer.

4 Brausen Sie den Fisch ab und tupfen Sie ihn mit Küchenpapier trocken. Bestreuen Sie die Filets rundherum mit Mehl. Erhitzen Sie das restliche Öl und geben Sie die Fischfilets hinein. Braten Sie den Fisch zuerst auf der Hautseite, bis sie knusprig ist. Wenden Sie die Fischfilets dann und garen Sie sie noch ganz kurz auf der anderen Seite.

5 Legen Sie den Fisch mit der Haut nach oben auf den Spargel. Löffeln Sie nach Geschmack Zitronensaft über die Felchenfilets und servieren Sie jede Portion mit einem großzügigen Klecks Schnittlauchbutter.

Tipp: Sie können den Spargel austauschen und andere Gemüsesorten als Beilage wählen. Pilze, Zucchini oder Zwiebeln machen sich ebenfalls sehr gut unter dem Fischfilet.

Vegetarische Hauptgerichte

SCHWEIZER RÖSTI

4 Port.

20 Min.

Leicht

Zutaten

1 kg Kartoffeln, festkochend
50 g Butter
750 ml Wasser
1 TL Salz + mehr zum Kochen der Kartoffeln

Außerdem:
Reibe

Nährwerte p. P.

297 kcal
43 g Kohlenhydrate
10 g Fett
5 g Eiweiß

1 Erhitzen Sie das Wasser mit etwas Salz in einem Topf. Kochen Sie die Kartoffeln darin gar. Lassen Sie die Kartoffeln etwas ausdampfen und schälen Sie sie dann.

2 Reiben Sie die Kartoffeln und vermengen Sie sie mit 1 TL Salz.

3 Erhitzen Sie die Butter in einer Pfanne. Geben Sie die Kartoffelmasse in die Pfanne und drücken Sie sie fest hinein. Braten Sie die Kartoffeln, bis die Unterseite goldbraun ist. Wenden Sie die Rösti mithilfe eines Deckels und braten Sie auch die andere Seite goldbraun an.

4 Servieren Sie die Rösti wie einen Kuchen geviertelt.

Tipp: Belegen Sie die Rösti mit Käse und Räucherlachs und reichen Sie einen Salat dazu.

NÜSSLI-OMELETTEN |

PFANNKUCHEN MIT NÜSSEN

4 Port. 50 Min. Leicht

Zutaten

400 g Mehl
400 ml Wasser
400 ml Milch
4 Eier
1 TL Salz
½ Bund Schnittlauch
100 g Butter zum Braten
100 g Nüsse, gemischt (z. B. Walnüsse, Sonnenblumenkerne, Cashews, Pistazien)

Außerdem:
Mörser

Nährwerte p. P.

191 kcal
23 g Kohlenhydrate
8 g Fett
6 g Eiweiß

1 Bereiten Sie den Teig zu, indem Sie das Mehl in eine Schüssel geben und das Salz untermischen. Formen Sie eine Mulde im Mehl und schlagen Sie die Eier hinein. Gießen Sie das Wasser und die Milch hinein und verquirlen Sie alles zu einem glatten Teig. Lassen Sie den Teig nun 30 Minuten ruhen.

2 Waschen Sie den Bund Schnittlauch, tupfen Sie ihn trocken und schneiden Sie die Stängel in feine Röllchen. Stellen Sie den Schnittlauch zur Seite.

3 Geben Sie die Nüsse in den Mörser und zerstoßen Sie sie grob. Ziehen Sie die Nüsse unter den Teig, sodass sie sich gut verteilen.

4 Erhitzen Sie dazu etwas Butter in einer Pfanne und gießen Sie 1 bis 2 Schöpfkellen vom Teig hinein. Wenden Sie den Teig, wenn er unten gar ist, und backen Sie ihn weiter. Der Pfannkuchen sollte goldgelb und nicht zu dunkel werden. Verfahren Sie so, bis der Teig aufgebraucht ist.

5 Stellen Sie die fertig gebackenen Omeletten warm, bis alle fertig gebacken sind, und servieren Sie sie dann mit dem Schnittlauch bestreut.

Tipp: Diese Pfannkuchen sind wunderbar weich und geschmeidig, mit einem leichten Crunch durch die Nüsse. Servieren Sie sie mit fein gehobeltem Gemüse und Käse belegt für ein besonders köstliches Mittagessen.

VOGELHEU

 4 Port.

 20 Min.

 Leicht

Zutaten

500 g Brot, altbacken
200 ml Milch
100 g Butter
4 Eier
½ Bund Petersilie
Salz, Pfeffer
½ TL Paprikapulver, gemahlen

Nährwerte p. P.

588 kcal
63 g Kohlenhydrate
30 g Fett
15 g Eiweiß

1 Schneiden Sie das Brot in kleine Würfel. Schlagen Sie die Eier in eine Schüssel und verquirlen Sie sie mit der Milch, Salz und Pfeffer sowie gemahlener Paprika.

2 Erhitzen Sie die Butter in einer Pfanne und braten Sie die Brotwürfel darin kurz rundum an. Gießen Sie die Eiermilch hinzu. Rühren Sie gut um, sodass die Eiermilch das Brot umhüllt, und lassen Sie das Ei stocken.

3 Waschen Sie in der Zwischenzeit die Petersilie und tupfen Sie sie mit Küchenpapier trocken. Hacken Sie die Petersilie und stellen Sie sie zur Seite.

4 Servieren Sie das Vogelheu, mit Petersilie bestreut.

Tipp: Vogelheu ist ein einfaches, schnelles Gericht, das sich perfekt eignet, um altbackenes Brot pikant zu verwerten. Dazu passt ein frischer Salat.

TESSINER RISOTTO

 4 Port.
 45 Min.
 Mittel

Zutaten

Für das Risotto:
20 g Steinpilze, getrocknet
200 g Pilze, gemischt (z. B. Champignons und Pfifferlinge)
2 Schalotten
300 g Reis (Sorte Loto, siehe Tipps)
120 g würziger Käse (z. B. Parmesan)
4 EL Butter
2 EL Olivenöl
150 ml Weißwein
800 ml Wasser + mehr zum Einweichen der Steinpilze
2 EL Hühnerbrühe, gekörnt
Salz, Pfeffer
Muskatnuss, gerieben

Außerdem:
Käsereibe, Schöpfkelle

Nährwerte p. P.

410 kcal
52 g Kohlenhydrate
9 g Fett
10 g Eiweiß

1 Geben Sie die getrockneten Steinpilze in eine Schüssel mit Wasser und lassen Sie sie nach Packungsanweisung einweichen. Erhitzen Sie 800 ml Wasser und rühren Sie die gekörnte Brühe ein. Schälen Sie die Schalotte und würfeln Sie sie fein. Verlesen Sie die frischen Pilze und schneiden Sie sie bei Bedarf klein.

2 Gießen Sie das Wasser der Steinpilze ab und schneiden Sie sie klein. Erhitzen Sie das Olivenöl in einem Topf. Schwitzen Sie die Schalotten darin kurz an. Geben Sie die frischen Pilze und die Steinpilze in den Topf und braten Sie alles kurz auf mittlerer Hitze an. Geben Sie den Reis hinzu und braten Sie ihn kurz mit.

3 Löschen Sie mit dem Weißwein ab. Geben Sie etwas Salz, Pfeffer und Muskat dazu und schütten Sie eine Schöpfkelle voll Brühe hinzu. Lassen Sie die Flüssigkeit leicht einköcheln und geben Sie erneut Brühe hinzu. Rühren Sie den Reis dabei immer wieder um. Geben Sie nach und nach Brühe hinzu und kochen Sie das Risotto sämig und weich.

4 Reiben Sie in der Zwischenzeit den Käse. Schmecken Sie das Risotto ab und geben Sie den geriebenen Käse und die Butter hinein.

Tipp: Auch wenn das Risotto ursprünglich ein italienisches Gericht ist, hat es im Schweizer Tessin eine eigene Tradition. In der Region wird Loto-Reis angebaut, der sich wunderbar für Risotto eignet. Diese Zutat macht das einfache, aber köstliche Rezept zu einer Schweizer Spezialität.

KÜMMELRISOTTO MIT ZIEGENKÄSE

4 Port.

45 Min.

Mittel

Zutaten

Für das Risotto:
250 g Austernpilze
2 Schalotten
1 Knoblauchzehe
300 g Reis (Risotto-Reis oder Milchreis)
80 g Ziegenfrischkäse
120 g würziger Käse (z. B. Sbrinz)
2 EL Butter
2 EL Olivenöl
150 ml Weißwein
800 ml Wasser
2 EL Gemüsebrühe, gekörnt
1 Lorbeerblatt
Salz, Pfeffer
Muskatnuss, gerieben
1 bis 2 TL Kümmelsamen, ganz

Außerdem:
Knoblauchpresse, Käsereibe, Schöpfkelle

Nährwerte p. P.

462 kcal
65 g Kohlenhydrate
13 g Fett
14 g Eiweiß

1 Erhitzen Sie das Wasser und rühren Sie die gekörnte Brühe ein. Schälen Sie die Schalotte und den Knoblauch. Würfeln Sie die Schalotte fein und pressen Sie den Knoblauch.

2 Erhitzen Sie die Butter in einem Topf. Schwitzen Sie die Schalotten und den Knoblauch darin kurz an. Geben Sie den Reis in den Topf und braten Sie alles kurz auf mittlerer Hitze an. Streuen Sie den Kümmel in den Topf und geben Sie das Lorbeerblatt hinzu.

3 Löschen Sie mit dem Weißwein ab. Geben Sie etwas Salz, Pfeffer und Muskat dazu und schütten Sie eine Schöpfkelle voll Brühe hinzu. Lassen Sie die Flüssigkeit leicht einköcheln und geben Sie erneut Brühe hinzu. Rühren Sie den Reis dabei immer wieder um. Geben Sie nach und nach Brühe hinzu und kochen Sie das Risotto sämig und weich.

4 Erhitzen Sie währenddessen das Olivenöl in einer Pfanne. Verlesen Sie die Pilze und reißen Sie sie in Streifen. Geben Sie die Pilze ins heiße Öl und braten Sie sie rundum knusprig an. Bestreuen Sie sie mit Salz und Pfeffer nach Geschmack.

5 Reiben Sie den Käse. Schmecken Sie das Risotto ab und entfernen Sie das Lorbeerblatt. Geben Sie den geriebenen Käse und den Ziegenfrischkäse hinein. Richten Sie das Risotto auf Tellern an und legen Sie auf jede Portion einige Streifen gebratene Pilze.

CHÄSHÖRNLI |

HÖRNCHENNUDELN MIT KÄSE

4 Port.

20 Min.

Leicht

Zutaten

Für die Chäshörnli:
350 g Hörnli (Hörnchennudeln)
4 EL Butter
300 g Käse (z. B. eine Mischung aus Gruyère und Emmentaler)
4 EL Mehl
3 Zwiebeln, groß
Salz, Pfeffer

Für das Apfelmus:
2 süßsaure Äpfel, groß
1 TL Zucker
1 TL Zitronensaft
2 EL Wasser

Außerdem:
Käsereibe

Nährwerte p. P.

683 kcal
84 g Kohlenhydrate
23 g Fett
32 g Eiweiß

1 Kochen Sie die Hörnli nach Packungsanweisung gar. Reiben Sie den Käse grob.

2 Bereiten Sie in der Zwischenzeit das Apfelmus zu. Schälen Sie dazu die Äpfel und entkernen Sie sie. Schneiden Sie die Äpfel in große Würfel und geben Sie sie mit dem Wasser in einen Kochtopf. Kochen Sie die Äpfel auf kleiner Flamme ca. 15 Minuten, bis die Apfelstücke zerfallen. Schmecken Sie zum Schluss mit Zucker und Zitronensaft ab und stellen Sie das Apfelmus zur Seite.

3 Schälen Sie die Zwiebeln und schneiden Sie sie in Streifen. Geben Sie das Mehl zu den Zwiebeln und wenden Sie sie darin, bis alle mit Mehl ummantelt sind. Geben Sie die Butter in eine Pfanne und erhitzen Sie sie. Braten Sie die Zwiebeln darin unter Rühren goldbraun an. Nehmen Sie die Zwiebeln aus der Pfanne und stellen Sie sie zur Seite.

4 Gießen Sie die Nudeln ab und geben Sie sie in die heiße Pfanne. Vermischen Sie die Nudeln mit dem geriebenen Käse und schmecken Sie mit Salz und Pfeffer ab. Servieren Sie die heißen Chäshörnli, mit dem Apfelmus an der Seite und den gebratenen Zwiebeln bestreut.

Tipp: Dieses einfache Rezept verlässt sich ganz auf die Qualität und den Geschmack des verwendeten Käses. Außerdem lässt sich das Rezept wunderbar erweitern. Braten Sie beispielsweise Walnüsse und Speck mit den Zwiebeln an oder servieren Sie einen grünen Salat dazu.

PIZOKELS |

GRAUBÜNDENER KARTOFFELSPÄTZLE

4 Port.

40 Min.

Schwer

Zutaten

250 g Mehl
3 Kartoffeln, groß
2 Eier
100 ml Milch
1 TL Salz
2 EL + 1 TL Öl
3 Liter Wasser

Außerdem:
Reibe, Schaumkelle, Sieb

Nährwerte p. P.

360 kcal
58 g Kohlenhydrate
10 g Fett
8 g Eiweiß

1 Geben Sie das Mehl in eine Schüssel. Geben Sie 1 TL Salz hinzu und schlagen Sie die Eier in die Schüssel. Gießen Sie unter Rühren die Milch hinzu, sodass ein glatter Teig entsteht.

2 Schälen Sie die Kartoffeln und reiben Sie sie fein. Geben Sie sie in den Teig und lassen Sie ihn 15 Minuten ruhen.

3 Bringen Sie das Wasser zum Kochen. Stellen Sie die Hitze herab, sodass das Wasser nur noch sanft aufwallt. Geben Sie das verbliebene Öl und das Salz hinzu. Stechen Sie kleine, längliche Stücke vom Teig ab - nutzen Sie dafür am besten zwei Löffel. Geben Sie die Stücke ins Wasser und lassen Sie sie garen, bis die Pizokel an der Oberfläche schwimmen. Heben Sie die Pizokel mit einer Schaumkelle heraus und lassen Sie sie in einem Sieb abtropfen. Wiederholen Sie diesen Schritt, bis der Teig aufgebraucht ist.

4 Geben Sie die Butter in eine Pfanne und schmelzen Sie sie. Streuen Sie das Paniermehl in die Butter und geben Sie etwas Salz und Pfeffer hinzu. Rösten Sie das Paniermehl unter Rühren an. Servieren Sie die Pizokel, mit der Paniermehlbutter bestreut.

Tipp: Sie können die Pizokel natürlich auch wunderbar mit Käse essen. Bestreuen Sie dazu die heißen Pizokel direkt vor dem Servieren mit würzigem Käse und frischen Kräutern.

Snacks und leckere Kleinigkeiten

MOITIÉ-MOITIÉ |

SCHWEIZER KÄSEFONDUE

4 Port.

30 Min.

Mittel

Zutaten

400 g Gruyère
400 g Vacherin
300 ml Weißwein
2 EL Kirschwasser
1 Knoblauchzehe
1 EL Speisestärke
Muskat, Pfeffer

Dazu:
600 g Weißbrot (z. B. Baguette oder Pane Tincinese)

Außerdem:
Käsereibe,
Caquelon/Fonduetopf,
Fonduegabeln

Nährwerte p. P.

1.227 kcal
85 g Kohlenhydrate
64 g Fett
65 g Eiweiß

1 Reiben Sie die beiden Sorten Käse. Schälen Sie den Knoblauch und schneiden Sie ihn an. Reiben Sie mit der Schnittfläche das Innere des Caquelons aus.

2 Geben Sie die Speisestärke in ein Glas und gießen Sie 30 ml Wein hinzu. Rühren Sie die Mischung, bis sich die Stärke aufgelöst hat.

3 Geben Sie den Käse, den restlichen Wein, 1 Prise Muskat und 1 Prise Pfeffer in den Caquelon. Kochen Sie die Mischung auf. Rühren Sie das Kirschwasser und die Speisestärke ein und schmecken Sie nochmals ab.

4 Schneiden Sie das Brot in Würfel und servieren Sie es zum Dippen.

Tipp: Bei manchen Käsesorten kann es passieren, dass dieser in Verbindung mit säuerlichem Wein gerinnt. Sie können dem entgegenwirken, indem Sie einen weiteren Esslöffel Speisestärke mit Wasser anrühren und das Fondue mit dieser Mischung binden.

WALLISER TOMATENFONDUE

4 Port.

30 Min.

Mittel

Zutaten

400 g Raclette-Käse
400 g Walliser Alpkäse
400 g passierte Tomaten
2 Knoblauchzehen
300 ml Rotwein
2 EL Kirschwasser
2 EL Speisestärke
2 Zweige Oregano
½ TL Paprikapulver, edelsüß
Muskatnuss, Pfeffer

Dazu:
1 kg kleine Kartoffeln, festkochend

Außerdem:
Käsereibe,
Caquelon/Fonduetopf

Nährwerte p. P.

970 kcal
56 g Kohlenhydrate
56 g Fett
53 g Eiweiß

1 Waschen Sie die Kartoffeln und bürsten Sie sie dabei gründlich ab. Kochen Sie sie in Salzwasser ca. 25 Minuten gar.

2 Reiben Sie die beiden Sorten Käse. Schälen Sie den Knoblauch und schneiden Sie ihn an. Reiben Sie mit der Schnittfläche das Innere des Caquelons aus.

3 Geben Sie die Speisestärke in ein Glas und gießen Sie 30 ml Wein hinzu. Rühren Sie die Mischung, bis sich die Stärke aufgelöst hat.

4 Geben Sie die passierten Tomaten, den restlichen Wein, die Oreganozweige, das Paprikapulver, 1 Prise Muskat und 1 Prise Pfeffer in den Caquelon. Streuen Sie den Käse hinzu. Kochen Sie die Mischung auf. Rühren Sie das Kirschwasser und die Speisestärke ein und schmecken Sie nochmals ab. Entfernen Sie den Oregano.

5 Gießen Sie die Kartoffeln ab. Geben Sie die Kartoffeln auf Teller und servieren Sie sie mit dem Tomatenfondue übergossen.

Tipp: Sie können statt Kartoffeln auch Weißbrot zum Tomatenfondue reichen und es in die Soße tauchen. Original werden jedoch Kartoffeln gereicht und direkt am Tisch wird mit einer Kelle der Käse darübergegossen.

LE TOÉTCHÉ |

RAHMFLADEN AUS DEM JURA

4 Port.

1 Std. 45 Min.

Mittel

Zutaten

Für den Teig:
300 g Mehl
½ TL Salz
2 EL neutrales Pflanzenöl
30 g Butter, weich
200 ml Milch
½ Würfel Hefe, frisch

Für den Guss:
1 Ei
200 ml Sauerrahm
50 g Crème fraîche
¼ TL Salz
Pfeffer

Außerdem:
Backpapier, Nudelholz

Nährwerte p. P.

292 kcal
30 g Kohlenhydrate
17 g Fett
7 g Eiweiß

1 Geben Sie das Mehl mit dem Salz in eine Schüssel. Mischen Sie alles gründlich und formen Sie dann in der Mitte eine Mulde. Schmelzen Sie die Butter auf kleiner Hitze. Geben Sie die flüssige Butter und das Öl in die Mulde des Mehls.

2 Erwärmen Sie die Milch, sodass sie lauwarm ist. Bröckeln Sie die Hefe in die Milch und rühren Sie, bis diese sich aufgelöst hat.

3 Gießen Sie die Hefemilch in die Schüssel und verkneten Sie alles zu einem elastischen, feinen Teig. Lassen Sie den Teig abgedeckt an einem warmen Ort 1 Stunde gehen.

4 Schneiden Sie Backpapier zu, sodass es auf ein Backblech passt. Legen Sie das Stück Backpapier auf die Arbeitsfläche und streuen Sie etwas Mehl darauf. Nehmen Sie den Teig aus der Schüssel und rollen Sie ihn zu einem großen Fladen bis an die Enden des Backpapiers. Ziehen Sie das Backpapier mit dem Teig auf das Backblech. Decken Sie den Teig mit einem feuchten Tuch ab und lassen Sie ihn an einem warmen Ort noch mal ca. 15 Minuten aufgehen.

5 Heizen Sie den Backofen auf 230 °C Umluft vor. Schlagen Sie das Ei in eine Schüssel. Geben Sie das Salz und nach Geschmack Pfeffer hinzu. Geben Sie auch die Crème fraîche und den Sauerrahm hinzu und verquirlen Sie alles gründlich.

6 Bestreichen Sie den Teig mit dem Guss. Schieben Sie das Backblech in den Ofen und backen Sie das Toétché für 10 bis 20 Minuten, bis der Teig durchgebacken ist.

Tipp: Dies ist ein Grundrezept, wie es im Schweizer Jura zum Apero gegessen wird. Es gibt viele verschiedene Variationen dieses leichten Gerichtes. Sie können das Toétché mit Käse und frischen Kräutern bestreuen und mit einem Salat servieren. Toll ist auch, es mit Zimt und Zucker zu bestreuen und mit Kompott zu servieren.

SALZKUCHEN

4 Port. | 1 Std. 45 Min. | Mittel

Zutaten

Für den Teig:
300 g Mehl
½ TL Salz
2 EL neutrales Pflanzenöl
30 g Butter, weich
200 ml Milch
½ Würfel Hefe, frisch

Für **den Guss:**
½ Bund Schnittlauch
2 Eier
200 ml Sauerrahm
200 g Crème fraîche
1 EL Kümmelsamen
½ TL Salz
½ TL grobes Salz

Außerdem:
Backpapier, Nudelholz

Nährwerte p. P.

536 kcal
57 g Kohlenhydrate
27 g Fett
13 g Eiweiß

1 Geben Sie das Mehl mit dem Salz in eine Schüssel. Mischen Sie alles gründlich und formen Sie dann in der Mitte eine Mulde. Schmelzen Sie die Butter auf kleiner Hitze. Geben Sie die flüssige Butter und das Öl in die Mulde des Mehls.

2 Erwärmen Sie die Milch, sodass sie lauwarm ist. Bröckeln Sie die Hefe in die Milch und rühren Sie, bis diese sich aufgelöst hat.

3 Gießen Sie die Hefemilch in die Schüssel und verkneten Sie alles zu einem elastischen, feinen Teig. Lassen Sie den Teig abgedeckt an einem warmen Ort 1 Stunde gehen.

4 Schneiden Sie Backpapier zu, sodass es auf ein Backblech passt. Legen Sie das Stück Backpapier auf die Arbeitsfläche und streuen Sie etwas Mehl darauf. Nehmen Sie den Teig aus der Schüssel und rollen Sie ihn aus. Formen Sie mit den Fingern um den Rand des Fladens herum einen dickeren, hohen Rand. Ziehen Sie das Backpapier mit dem Teig auf das Backblech. Decken Sie den Teig mit einem feuchten Tuch ab und lassen Sie ihn an einem warmen Ort noch mal ca. 15 Minuten aufgehen.

5 Heizen Sie den Backofen auf 230 °C Umluft vor. Schlagen Sie die Eier in eine Schüssel. Geben Sie auch die Crème fraîche und den Sauerrahm und ½ TL feines Salz hinzu und verquirlen Sie alles gründlich. Waschen Sie den Schnittlauch und tupfen Sie ihn trocken. Schneiden Sie den Schnittlauch in feine Röllchen und mischen Sie ihn unter den Teig.

6 Bestreichen Sie den Teig mit dem Guss. Bestreuen Sie den Guss mit dem groben Salz und den Kümmelsamen. Schieben Sie das Backblech in den Ofen und backen Sie den Salzkuchen für 10 bis 20 Minuten.

SCHWYZER HEUSUPPE

4 Port.

30 Min.

Mittel

Zutaten

2 Handvoll frisches Heu
2 - 3 Kartoffeln
Thymian und Oregano, frisch
1 Zwiebel
1 Knoblauchzehe
1 EL Butter
500 ml Sahne
500 ml Prosecco
700 ml Wasser
1 EL Rinderbrühe, gekörnt
Salz, Pfeffer

Außerdem:
Sieb, Handmixer, Stabmixer

Nährwerte p. P.

468 kcal
16 g Kohlenhydrate
34 g Fett
5 g Eiweiß

1 Schälen Sie die Zwiebel und den Knoblauch und würfeln Sie beides fein. Erhitzen Sie die Butter in einem Topf und braten Sie die Zwiebeln und den Knoblauch darin kurz an.

2 Brausen Sie die Kräuter kalt ab und hacken Sie sie fein. Nehmen Sie eine kleine Menge als Garnitur zur Seite. Schälen Sie die Kartoffeln und würfeln Sie sie.

3 Streuen Sie die Brühe in den Topf und löschen Sie mit dem Wasser ab. Schalten Sie die Hitze ab. Wenn die Flüssigkeit nicht mehr kocht, streuen Sie das Heu und die Kräuter hinein. Lassen Sie die Flüssigkeit 5 bis 10 Minuten mit aufgelegtem Deckel ohne Hitze ziehen.

4 Gießen Sie die Suppe durch ein Sieb in einen weiteren Topf. Geben Sie die Kartoffeln hinzu. Kochen Sie sie erneut auf und lassen Sie die Kartoffeln ca. 15 Minuten garen. Pürieren Sie die Kartoffeln in der Flüssigkeit mit dem Stabmixer.

5 Kochen Sie die Suppe erneut auf und geben Sie den Prosecco hinzu. Gießen Sie 300 ml Sahne hinzu und schmecken Sie mit Salz und Pfeffer ab. Schlagen Sie die restliche Sahne steif.

6 Servieren Sie die Heusuppe mit der Schlagsahne obenauf und mit den gehackten Kräutern bestreut.

CHÄSCHÜECHLI |
KÄSEKÜCHLEIN

4 Port.

1 Std. 40 Min.

Leicht

Zutaten

Für den Teig:
200 g + 1 EL Dinkelmehl + mehr zum Ausrollen
70 g Butter, kalt + mehr für die Form
6 EL Wasser, eiskalt

Für den Guss:
150 g Hartkäse (z. B. Freiburger Vacherin oder Parmesan)
150 g Bergkäse
3 Eier
100 ml Milch
100 ml Sahne
1 EL Kirschwasser
Muskatnuss, Pfeffer
Paprikapulver, edelsüß
¼ TL Salz + mehr nach Geschmack

Außerdem:
Käsereibe, Frischhaltefolie, 8 Pie-Förmchen von 10 cm Durchmesser

Nährwerte p. P.

601 kcal
34 g Kohlenhydrate
32 g Fett
22 g Eiweiß

1 Geben Sie das Mehl in eine Schüssel. Schneiden Sie die kalte Butter in Würfel und geben Sie sie in das Mehl. Kneten Sie die Zutaten zu einem Teig und geben Sie währenddessen das Wasser löffelweise hinzu. Wickeln Sie den Teig in Frischhaltefolie ein und stellen Sie ihn 1 Stunde kalt.

2 Bestreichen Sie die Förmchen innen mit etwas Butter. Reiben Sie die beiden Sorten Käse.

3 Heizen Sie den Backofen auf 220 °C Ober- und Unterhitze vor. Bestreuen Sie die Arbeitsplatte mit etwas Mehl. Teilen Sie den Teig in 8 Stücke und rollen Sie aus jedem Stück eine Kugel. Rollen Sie jede Kugel zu einem gleichmäßigen Kreis aus und legen Sie jeweils einen in ein Förmchen. Drücken Sie den Teig etwas an und stechen Sie den Boden mit einer Gabel mehrmals ein.

4 Schlagen Sie die Eier in eine Schüssel. Geben Sie 1 EL Mehl, Muskat, Salz und Pfeffer sowie Paprikapulver hinzu. Gießen Sie die Sahne, die Milch und das Kirschwasser in die Schüssel und verquirlen Sie alles gründlich. Heben Sie den geriebenen Käse unter und verteilen Sie die Käsemilch gleichmäßig auf die Förmchen.

5 Verteilen Sie die Förmchen auf einem Gitter und stellen Sie es in den Ofen. Backen Sie die Chäschüechli ca. 20 Minuten, bis der Käse goldbraun ist. Servieren Sie die Chäschüechli lauwarm.

Tipp: Statt den Teig selbst zu machen, können Sie auch Blätterteig aus dem Kühlregal verwenden, wenn es mal schnell gehen muss.

SCHWEIZER TAPAS

4 Port.

3 Std.

Leicht

Zutaten

200 g Bündnerfleisch
600 g Schweizer Käse, verschiedene Sorten nach Geschmack
½ Glas Silberzwiebeln, sauer eingelegt
½ Glas Essiggurken, sauer eingelegt
2 Äpfel
300 g Zopf, am besten selbst gebacken
30 g Butter
1 TL Kümmel
½ TL grobes Salz
60 ml Kirschwasser

Außerdem:
große Servierplatte, Schnapsgläser, Fonduegabeln

Nährwerte p. P.

970 kcal
44 g Kohlenhydrate
54 g Fett
65 g Eiweiß

1 Waschen Sie die Äpfel, entkernen Sie sie und schneiden Sie sie in mundgerechte Würfel. Schneiden Sie den Käse in mundgerechte Würfel.

2 Schneiden Sie den Zopf in Scheiben. Bestreichen Sie die Scheiben mit Butter und bestreuen Sie sie mit etwas Kümmel und dem groben Salz.

3 Richten Sie das Bündnerfleisch, die Apfelstücke, den Zopf, die Käsewürfel und das saure Gemüse auf einer Platte an. Servieren Sie die Platte zum Snacken mit den Fonduegabeln und einem Kirschwasser.

THURGAUER KÄSESCHNITTEN

4 Port.

25 Min.

Leicht

Zutaten

8 Scheiben Brot
250 g Käse (z. B. Thurgauer Rahmkäse oder Tilsiter)
1 Apfel
1 Schalotte
50 ml Apfelsaft

Außerdem:
Backpapier, Käsereibe

Nährwerte p. P.

306 kcal
31 g Kohlenhydrate
11 g Fett
19 g Eiweiß

1 Heizen Sie den Backofen auf 220 °C Ober- und Unterhitze vor. Reiben Sie den Käse. Belegen Sie ein Backblech mit Backpapier und legen Sie die Brotscheiben darauf.

2 Schälen Sie die Schalotte und schneiden Sie sie in sehr feine Scheiben. Waschen Sie den Apfel und entkernen Sie ihn. Schneiden Sie den Apfel in Spalten.

3 Träufeln Sie den Apfelsaft gleichmäßig über die Brotscheiben. Verteilen Sie dann die Apfelspalten und die Zwiebelscheiben auf dem Brot. Bestreuen Sie die Brotscheiben mit dem Käse.

4 Backen Sie die Käseschnitten für 10 bis 15 Minuten, bis der Käse goldbraun geschmolzen ist.

Tipp: Sie können die Käseschnitten zusätzlich noch mit gewürfeltem Schinkenspeck bestreuen, bevor Sie ihn überbacken. Auch Birnen schmecken anstelle von Äpfeln sehr gut.

Torten und Kuchen

AARGAUER RÜBLITORTE | KAROTTENKUCHEN

12 Port.

1 Std. 35 Min.

Mittel

Zutaten

100 g Mehl
200 g Mandeln, gemahlen
5 Eier
250 g Karotten
1 Zitrone (Bioqualität)
100 g Aprikosenmarmelade
50 g Butter, weich + mehr zum Bestreichen der Form
200 g Zucker
250 g Puderzucker
½ TL Backpulver
½ TL Zimt
1 Prise Nelkenpulver
1 Prise Salz

Außerdem:
Handmixer, Gemüsereibe, Springform (24 cm Durchmesser)

Nährwerte p. P.

370 kcal
51 g Kohlenhydrate
15 g Fett
7 g Eiweiß

1 Waschen Sie die Karotte und entfernen Sie den Strunk. Reiben Sie die Karotte grob. Waschen Sie die Zitrone heiß ab und reiben Sie die Schale fein ab.

2 Geben Sie den Zucker mit der Zitronenschale und der Butter in eine Schüssel. Trennen Sie die Eier. Stellen Sie das Eiweiß zur Seite und geben Sie das Eigelb in die Schüssel. Schlagen Sie die Zutaten in der Schüssel cremig auf.

3 Heizen Sie den Backofen auf 180 °C Ober- und Unterhitze vor. Mischen Sie geraspelte Karotte und die gemahlenen Mandeln zu den Zutaten in der Schüssel. Lassen Sie unter Rühren das Mehl und das Backpulver einrieseln und mischen Sie die Marmelade dazu, bis ein glatter Teig entsteht.

4 Mischen Sie zum Schluss die Gewürze unter. Fetten Sie die Backform mit etwas Butter.

5 Schlagen Sie dann das Eiweiß steif und heben Sie es behutsam unter den Teig. Geben Sie die Masse in die Springform und backen Sie sie im Ofen für ca. 50 bis 60 Minuten.

6 Lassen Sie den Kuchen auf einem Gitter vollständig auskühlen. Pressen Sie die abgeriebene Zitrone aus. Geben Sie den Puderzucker in eine kleine Schüssel und rühren Sie teelöffelweise Zitronensaft dazu (ca. 4 bis 6 TL), bis eine dickflüssige Glasur entstanden ist. Gießen Sie die Glasur über die Rüblitorte und lassen Sie sie vor dem Servieren trocknen.

Tipp: Dieser Kuchen schmeckt am 3. und 4. Tag noch besser.

TIROLER CAKE

15 Port.

1 Std.
10 Min.

Mittel

Zutaten

250 g Mehl
2 TL Backpulver
125 g Zucker
1 TL Vanillezucker
150 ml Milch
3 Eier
125 g Butter, weich
80 g Haselnüsse, gemahlen
100 g Schokolade, gehackt, zartbitter

Außerdem:
Handmixer, Kastenform (Länge 26 cm), Backpapier

Nährwerte p. P.

307 kcal
32 g Kohlenhydrate
17 g Fett
5 g Eiweiß

1 Heizen Sie den Backofen auf 180 °C Ober- und Unterhitze vor. Geben Sie den Zucker, den Vanillezucker, 1 Prise Salz und die warme Butter in eine Schüssel und schlagen Sie die Mischung auf, bis sie cremig und hell ist.

2 Schlagen Sie die Eier zu der Mischung und mixen Sie erneut. Lassen Sie unter Rühren das Mehl, die gemahlenen Haselnüsse und das Backpulver einrieseln und vermischen Sie alles mit der Milch zu einem glatten Teig.

3 Kleiden Sie die Kastenform mit Backpapier aus. Heben Sie die Schokoladenstücke unter den Teig und füllen Sie ihn in die Form.

4 Backen Sie den Kuchen für ca. 40 bis 45 Minuten und lassen Sie ihn nach dem Backen auskühlen.

SALÉE SUCRÉE |

CREMIGER RAHMKUCHEN

4 Port.

1 Std. 45 Min.

Mittel

Zutaten

Für den Teig:
300 g Mehl
½ TL Salz
2 EL neutrales Pflanzenöl
30 g Butter, weich + mehr für die Form
200 ml Milch
½ Würfel Hefe, frisch

Für den Guss:
2 EL Mehl
300 ml Sahne
½ TL Zimt
1 Vanilleschote
3 EL Zucker
1 Prise Salz

Außerdem:
flache Auflaufform oder Pie-Form, Nudelholz, Handmixer

Nährwerte p. P.

292 kcal
30 g Kohlenhydrate
17 g Fett
7 g Eiweiß

1 Geben Sie das Mehl mit dem Salz in eine Schüssel. Mischen Sie alles gründlich und formen Sie dann in der Mitte eine Mulde. Schmelzen Sie die Butter auf kleiner Hitze. Geben Sie die warme Butter und das Öl in die Mulde des Mehls.

2 Erwärmen Sie die Milch, sodass sie lauwarm ist. Bröckeln Sie die Hefe in die Milch und rühren Sie, bis diese sich aufgelöst hat.

3 Gießen Sie die Hefemilch in die Schüssel und verkneten Sie alles zu einem elastischen, feinen Teig. Lassen Sie den Teig abgedeckt an einem warmen Ort 1 Stunde gehen.

4 Bestreichen Sie das Innere der Backform mit Butter und streuen Sie etwas Mehl hinein. Nehmen Sie den Teig aus der Schüssel und rollen Sie ihn aus. Legen Sie den Teig in die Form und drücken Sie ihn sanft in die Form. Stechen Sie den Boden mehrmals mit einer Gabel ein. Decken Sie den Teig mit einem feuchten Tuch ab und lassen Sie ihn an einem warmen Ort noch mal ca. 15 Minuten aufgehen.

5 Heizen Sie den Backofen auf 200 °C Umluft vor. Geben Sie die Sahne in eine Schüssel. Schneiden Sie die Vanilleschote auf und kratzen Sie das Mark mit einem scharfen Messer aus. Geben Sie das Vanillemark und den Zimt zur Sahne und fügen Sie 2 EL Zucker und eine Prise Salz hinzu. Schlagen Sie die Sahne mit dem Handmixer steif.

6 Mischen Sie den restlichen Zucker mit 2 EL Mehl. Streuen Sie die Mischung auf den Boden des Teigs. Verteilen Sie die geschlagene Sahne darüber.

7 Stellen Sie die Backform in den Ofen und backen Sie die Salée Sucrée für 10 bis 20 Minuten.

FRUCHTWÄHE

12 Port.

2 Std.

Leicht

Zutaten

200 g Mehl
2 Eier
2 EL Wasser, eiskalt
100 g Butter + mehr zum Bestreichen der Form
50 g + 2 EL Zucker
3 EL Nüsse, gemahlen (z. B. Mandeln oder Haselnüsse)
600 g frisches Obst (z. B. Kirschen und Aprikosen)
100 ml Milch
100 ml Rahm
2 EL Speisestärke
1 Päckchen Vanillezucker
3 EL Puderzucker
2 Prisen Salz

Außerdem:
Pie-Form mit 26 cm Durchmesser, Schneebesen

Nährwerte p. P.

243 kcal
29 g Kohlenhydrate
12 g Fett
4 g Eiweiß

1 Geben Sie das Mehl und 50 g Zucker mit 1 Prise Salz in eine Schüssel. Schlagen Sie 1 Ei hinzu. Schneiden Sie die kalte Butter in Würfel und geben Sie sie in das Mehl. Kneten Sie die Zutaten zu einem Teig und geben Sie währenddessen das Wasser löffelweise hinzu. Wickeln Sie den Teig in Frischhaltefolie ein und stellen Sie ihn 1 Stunde kalt.

2 Bestreichen Sie die Pie-Form innen mit etwas Butter. Drücken Sie den Teig mit den Händen gleichmäßig in die Form. Stechen Sie den Boden gleichmäßig mit einer Gabel ein. Streuen Sie die gemahlenen Nüsse auf den Teigboden und stellen Sie die Form erneut kalt.

3 Heizen Sie den Backofen auf 200 °C Ober- und Unterhitze vor. Waschen Sie die Früchte und entkernen Sie sie bei Bedarf. Schneiden Sie das Obst in Spalten und vermengen Sie es mit 1 EL Zucker. Geben Sie das Obst auf den Teigboden und backen Sie die Wähe 20 Minuten im Ofen.

4 Bereiten Sie in der Zwischenzeit den Guss vor. Schlagen Sie dazu 1 Ei in eine Schüssel. Fügen Sie 1 EL Zucker, 1 Päckchen Vanillezucker, 1 Prise Salz und die Speisestärke hinzu. Geben Sie die Sahne und die Milch hinzu und verquirlen Sie alles mit einem Schneebesen zu einer glatten Masse.

5 Holen Sie die Wähe aus dem Ofen und übergießen Sie die Früchte mit der Eimasse. Backen Sie sie nochmals ca. 20 Minuten. Lassen Sie die Fruchtwähe dann auskühlen.

6 Bestreuen Sie die Fruchtwähe vor dem Servieren mit Puderzucker.

Tipp: Die Fruchtwähe kann mit jeder Obstsorte belegt werden, die Ihnen schmeckt und die gerade Saison hat. Sehr lecker ist sie mit Äpfeln, Aprikosen, Pflaumen oder Rhabarber.

BASLER LÄCKERLI

20 Port.

2 Std.

Mittel

Zutaten

700 g Mehl
100 g gehackte Mandeln
100 g gehackte Haselnüsse
450 g Zucker
500 g Honig, am besten regional
1 Zitrone (Bioqualität)
100 g Orangeat
100 g Zitronat
2 EL Zimt
1 Prise Nelkenpulver
½ TL Muskatnuss
150 ml Kirschwasser
100 ml Wasser

Außerdem:
Reibe, Backpapier, Pizzaroller oder scharfes Messer.

Nährwerte p. P.

99 kcal
19 g Kohlenhydrate
2 g Fett
1 g Eiweiß

1 Geben 300 g Zucker mit dem Honig in einen Topf und kochen Sie es auf. Waschen Sie in der Zwischenzeit die Zitrone heiß ab und trocknen Sie sie. Hobeln Sie die Schale ab.

2 Belegen Sie ein Backblech mit Backpapier.

3 Schalten Sie die Hitze ab. Geben Sie die Zitronenzeste, das Zitronat und Orangeat sowie Zimt, Nelkenpulver und Muskatnuss in den Topf. Fügen Sie unter Rühren die gehackten Mandeln und Haselnüsse und das Mehl hinzu. Rühren Sie das Kirschwasser ein. Kneten Sie den Teig gut durch.

4 Verteilen Sie den Teig auf dem Backpapier, solange er noch warm ist. Lassen Sie ihn dann 1 Stunde ruhen.

5 Heizen Sie den Backofen auf 220 °C Ober- und Unterhitze vor. Backen Sie den Teig 15 bis 20 Minuten im Ofen. Schneiden Sie den Teig direkt nach dem Backen in 4 x 5 cm große Rechtecke oder in Rauten.

6 Geben Sie 150 g Zucker mit 100 ml Wasser in einen Topf. Kochen Sie die Mischung auf und lassen Sie sie ca. 10 Minuten zu einem Sirup einköcheln. Bestreichen Sie den noch warmen Teig großzügig mit dem Sirup. Lassen Sie die Läckerli dann auf einem Gitter auskühlen.

ZUGER KIRSCHTORTE

12 Port.

5 Std. 15 Min.

Schwer

Zutaten

Für den Biskuit:
3 Eier
100 g Zucker
50 g Mehl
30 g Speisestärke
1 EL Wasser, heiß
1 Prise Salz
1 EL Butter, weich

Für die Japonais:
2 Eiweiße
60 g gemahlene Haselnüsse
2 EL Zucker
2 EL Puderzucker
1 EL Speisestärke

200 g Butter, weich
150 g Puderzucker
2 Eigelbe
100 ml + 3 EL Kirschwasser
1 TL Rote-Bete-Saft
50 g Mandelblättchen

Außerdem:
Springform mit 24 cm Durchmesser, Backpapier, Teigschaber, Handmixer, Torten-platte zum Servieren

1 Schneiden Sie zwei Kreise von 24 cm Durchmesser aus Backpapier aus, indem Sie die Springform als Vorlage verwenden. Bestreichen Sie die Springform innen mit 1 EL Butter. Heizen Sie den Backofen auf 180 °C Ober- und Unterhitze vor.

2 Bereiten Sie zuerst die Biskuitböden zu. Geben Sie dazu die Eier, den Zucker, 1 Prise Salz und 1 EL Wasser in eine Schüssel. Erhitzen Sie etwas Wasser in einem Topf und stellen Sie die Schüssel hinein. Schlagen Sie die Eimasse mit dem Handmixer schaumig auf. Lassen Sie das Mehl und die Speisestärke einrieseln, während Sie den Teig weiter aufschlagen.

3 Geben Sie den Teig in die gefettete Springform. Backen Sie den Teig ca. 20 Minuten, bis er trocken und goldbraun ist. Lassen Sie den Biskuitboden leicht auskühlen und holen Sie ihn dann vorsichtig aus der Springform.

4 Bereiten Sie als Nächstes die Japonais-Böden vor. Schalten Sie den Backofen auf 120 °C Ober- und Unterhitze. Trennen Sie dazu die Eier. Stellen Sie die Eigelbe für die Buttercreme zur Seite. Schlagen Sie das Eiweiß auf. Lassen Sie den Zucker, den Puderzucker und die gemahlenen Haselnüsse nacheinander einrieseln. Streichen Sie den Eischnee gleichmäßig auf die beiden vorbereiteten Backpapiere. Backen Sie die Böden auf zwei Backblechen ca. 60 Minuten. Tauschen Sie zur Hälfte der Backzeit die Position der Böden, damit sie gleichmäßig garen.

Nährwerte p. P.

359 kcal
31 g Kohlenhydrate
21 g Fett
4 g Eiweiß

5 Bereiten Sie in der Zwischenzeit die Buttercreme zu. Geben Sie die Butter in eine Schüssel. Schlagen Sie sie auf, bis sie sehr cremig und hell ist. Geben Sie die Eigelbe, 3 EL Kirschwasser und den Rote-Bete-Saft hinzu. Lassen Sie unter Rühren den Puderzucker einrieseln. Schlagen Sie die Buttercreme schaumig und stellen Sie sie kurz kalt.

6 Geben Sie die Mandelblättchen ohne Fett in eine Pfanne und rösten Sie sie unter Rühren golden an. Lassen Sie sie abkühlen.

7 Legen Sie den ersten Japonais-Boden mit der glatten Seite nach unten auf eine Tortenplatte. Bestreichen Sie den Boden mit einem Viertel der Buttercreme. Setzen Sie den Biskuit auf die Buttercreme. Träufeln Sie 100 ml Kirschwasser auf den Biskuit. Konzentrieren Sie sich dabei jedoch auf die Mitte und lassen Sie den Rand des Bodens aus, damit die Torte stabil bleibt.

8 Streichen Sie ein Viertel der Buttercreme auf den Biskuit. Legen Sie den zweiten Japonais-Boden mit der glatten Seite nach oben auf die Buttercreme. Drücken Sie alles sanft an.

9 Nutzen Sie die restliche Buttercreme, um die Torte rundherum einzustreichen. Bestreuen Sie den Seitenrand der Torte rundherum mit den gerösteten Mandelblättchen.

10 Stellen Sie die Torte für 2 Stunden kalt, bevor Sie sie servieren. Ritzen Sie in die Oberseite der Buttercreme vor dem Servieren das typische rautenförmige Muster ein.